D0984392

"APPELLE-MOI *PIERROT*"

PURDUE UNIVERSITY MONOGRAPHS
IN ROMANCE LANGUAGES

William M. Whitby, General Editor
Allan H. Pasco, Editor for French
Enrique Caracciolo-Trejo, Editor for Spanish

Associate Editors

I. French

Max Aprile, Purdue University
Paul Benhamou, Purdue University
Willard Bohn, Illinois State University
Gerard J. Brault, Pennsylvania State University
Germaine Brée, Wake Forest University
Jules Brody, Harvard University
Victor Brombert, Princeton University
Ursula Franklin, Grand Valley State College
Floyd F. Gray, University of Michigan
Gerald Herman, University of California, Davis
Michael Issacharoff, University of Western Ontario
Thomas E. Kelly, Purdue University
Milorad R. Margitić, Wake Forest University
Bruce A. Morrissette, University of Chicago
Roy Jay Nelson, University of Michigan
Glyn P. Norton, Pennsylvania State University
David Lee Rubin, University of Virginia
Murray Sachs, Brandeis University
English Showalter, Rutgers University, Camden
Donald Stone, Jr., Harvard University

II. Spanish

J. B. Avalle-Arce, University of California, Santa Barbara
Rica Brown, M.A., Oxon
Frank P. Casa, University of Michigan
James O. Crosby, Florida International University
Alan D. Deyermond, Westfield College (University of London)
David T. Gies, University of Virginia
Roberto González Echevarría, Yale University
Thomas R. Hart, University of Oregon
David K. Herzberger, University of Connecticut
Djelal Kadir II, Purdue University
John W. Kronik, Cornell University
Floyd F. Merrell, Purdue University
Geoffrey Ribbans, Brown University
Elias L. Rivers, SUNY, Stony Brook
Francisco Ruiz Ramón, University of Chicago
J. M. Sobré, Indiana University
Bruce W. Wardropper, Duke University

Volume 21

Jo Ann Marie Recker

"Appelle-moi 'Pierrot'"
Wit and Irony in the 'Lettres' of Madame de Sévigné

JO ANN MARIE RECKER

"APPELLE-MOI *PIERROT*"

Wit and Irony in the *Lettres* of Madame de Sévigné

JOHN BENJAMINS PUBLISHING COMPANY
Amsterdam/Philadelphia

1986

Library of Congress Cataloging in Publication Data

Recker, Jo Ann Marie.
    "Appelle-moi Pierrot".

    (Purdue University monographs in Romance languages, ISSN 0165-8743; v. 21)
    Bibliography: p.
    1. Sévigné, Marie de Rabutin-Chantal, marquise de, 1626-1696 -- Humor, satire, etc. 2.
    Sévigné, Marie de Rabutin-Chantal, marquise de, 1626-1696 -- Correspondence. 3.
    Authors, French -- 17th century -- Correspondence. 4. Comic, The, in literature. 5. Irony
    in literature. I. Title. II. Series.
    PQ1925.R43   1986   846'.4   86-20777
    ISBN 90 272 1731 9 (European) / ISBN 0-915027-70-4 (US) (alk. paper)

For my brother and sister,
Frank and Judy,
whose ready wits always refresh me

Table of Contents

Acknowledgments

It is with much gratitude that I acknowledge the guidance and encouragement of Professor Charles G. S. Williams. As both dissertation and monograph mentor, his advice and endless wealth of information were invaluable to me. Special thanks are extended to my sister-in-community, friend, and tireless proofreader, Sister Ann Louise Groene, S.N.D. de N.

Introduction

It is to Voltaire that subsequent generations of Sévignistes can credit the somewhat ambiguous epithet ascribed to Mme de Sévigné, that of "spirituelle marquise." While it is true that Voltaire and many of his contemporaries praised the undeniably natural, gay quality of her epistolary style, they seem to have failed to appreciate the keen intellectual aspect of her wit by relegating her to the category of an amusing but superficial socialite with a talent for relating bagatelles.

Yet when one investigates the meaning of the components of this cliché, one finds the word *esprit* immediately associated with intelligence. Even in the seventeenth century it is linked with that faculty of the soul to which is attributed comprehension or intuitive insight. The *Dictionnaire de la langue française classique* offers the following definitions: "âme, souffle vital"; "intelligence, faculté de comprendre"; for *bon esprit*, "jugement sain, bon sens"; with reference to a *personne d'esprit*, "intelligent, avisé, de talent"; and *un(e) spirituel(le)* is "un(e) intellectuel(le)." Further delineations of its manifestations relate *esprit* with the facility to engage in lively repartee and to formulate the amusing witticism.[1]

Biographers of Mme de Sévigné have noted her admiration of contemporaries to whom the adjective *spirituel* has also been attributed, notably La Fontaine and Molière. The editors of the Grands Ecrivains edition of her letters, published in 1862, pointed out her frequent use of the fables and identified references to them. Similarly, Mme de Sévigné's love for Molière is evident in the many references and allusions to his plays contained in her voluminous correspondence.

Her affinity with this master of comic technique was underscored by Sainte-Beuve when he stated that Mme de Sévigné, La Fontaine, and Molière belonged to the literary generation preceding Racine and Boileau, and that the former distinguished itself from the latter by characteristics which belonged at the same time to the nature of their genius and to their historic period. "On sent que, par tournure d'esprit comme par position, ils sont

1

bien plus voisins de la France d'avant Louis XIV, de la vieille langue et du vieil esprit français. . . ."[2] Sainte-Beuve also refutes the frivolous image connoted by the epithet "spirituelle marquise" ("Parce qu'on la voit souvent d'une humeur enjouée et folâtre, on aurait tort de juger Mme de Sévigné frivole ou peu sensible") and states unequivocally but without elaboration that she "avait atteint au comique de Molière."[3]

Mireille Gérard undertook an analysis of the *moliéresque* allusions in the Sévigné correspondence, concluding that Mme de Sévigné's enthusiasm for Molière arose from the fact that they shared the ideal of the "bourgeois" golden mean: "L'idéal qui fait leur accord, et celui de la meilleure partie de la cour et de la ville, est fait de justesse, de vérité, de mesure, d'équilibre. C'est celui de l'honnêteté, un idéal qui n'est plus seulement celui d'une noblesse généreuse et exubérante, mais aussi d'une partie de la raisonnable bourgeoisie."[4] Both writers, she contends, denounced artifice and excess; both condemned the mask and hypocrisy.

More of a stylistic rapport between Mme de Sévigné and Molière is drawn, again by Mireille Gérard, as she states that the letter writer had the playwright's sense of the comic, that she saw the scene to be made, the theatricality of a situation.[5] By way of example, the following passage of the *Correspondance* is analyzed:

> C'est dommage que Molière soit mort; il ferait une scène merveilleuse de Daquin [first doctor to the King], qui est enragé de n'avoir pas le bon remède, et de tous les autres médecins, qui sont accablés par les expériences, par les succès, et par les prophéties comme divines de ce petit homme [Talbot, an English doctor]. Le Roi lui a fait composer son remède devant lui, et lui confie la santé de Monseigneur. Pour Madame la Dauphine, elle est déjà mieux, et le comte de Gramont disait hier au nez de Daquin:
>
> > "Talbot est vainqueur du trépas;
> > Daquin ne lui résiste pas;
> > La Dauphine est convalescente:
> > Que chacun chante," etc. (8.11.80)[6]

Here Gérard notes the contrasting of the small size of Talbot with the overwhelming effect he has on all the other doctors, the use of superlatives, the accumulation of details, the crescendo building up to the final joyful refrain, all of which, she points out, indicates the tone and movement of the theater.[7]

More recently Charles Williams has alluded to the intellectual and temperamental affinity of these two masters of the comic mode, showing how the two writers tapped the comic principle of the "incongruous," the aesthetics of comedy which Molière proposed in his *Lettre sur l'Imposteur*.[8]

Though Mme de Sévigné is associated with a current of *littérature mondaine,* there is no necessary connotation of superficiality and frivolity. Rather, in her society, *spirituelle* and *esprit* are much more closely aligned to, if not synonymous with, the concept of wit, an attitude which presupposed a penetrating and perceptive intelligence. Aristotle called wit "well-bred insolence" and described it as the ability to make apt, precise comparisons producing a shocking combination of ideas that are seemingly unrelated to each other. Requiring an intellectual agility, wit represents the externalization of a hidden mental facility, a metonym for the mind which the French language captures perfectly in the word *esprit*. One is witty primarily because of the desire to draw attention to this hidden mental facility, thereby asserting one's intellectual superiority.[9] Form imposes on meaning, and the attention is drawn primarily to the signifying system and only secondarily to the message.[10] Thus wit, deriving its effectiveness from the manipulation of language, requires a communicating subject, an object of attack (a person or an idea) which constitutes the message, and someone who is intended to receive pleasure from the perceived witticism. Without this other person or recipient of the message, the witticism remains inoperative, as the display aspect is missing. It is this very intentional display element which is of such importance when one wishes to seduce another person into a regular epistolary exchange and have it be experienced as pleasurable.

If wit or *esprit* can be regarded as the principle from which springs the comic in its perception and articulation of the incongruous, its distinguishing tone or technique may be said to be irony, that rhetorical device which says what it does not mean, means what it does not say, and implies either more or less than is immediately apparent in dialogue or situation.

There are many ways in which an ironist may use stylistic resources, but irony is usually recognizable in the awareness of contrast, for example, between text and context, between the level appropriate to the ironist's subject and his/her ostensible meaning.[11] Ironical art and literature thus have surface and depth, opacity and transparency, arresting attention, like wit, at the formal level while directing it to the level of content. Some of the divergence between text and context may be made apparent in the use of ponderous or Latinate vocabulary, a hackneyed urbanity, the use of words which are slightly out of place, litotes, repetition, parody, mock-heroic, burlesque, and travesty. By this means there is produced the communication of incongruity and an effect, usually of surprise.

Verbal wit is manifested by the presence of puns, paradoxes, epigrams, racy expressions, and word deformations, and these various manifestations of wit fall into the Bergsonian category of the comic of words, since they are created by language. But when such wit takes the form of a reversal of expressed meaning, it becomes verbal irony, whose analysis takes us beyond Bergson.[12]

The concept of detachment is always associated with irony and is implied in the ironist's pretense of unawareness. As such it attests to his or her control over more immediate responses. It is also implicit in the notion of the ironic observer for whom an ironic situation or event is a spectacle or something which is observed from the outside. What this person typically feels in the presence of an ironic situation may be summed up in the words superiority, freedom, and amusement.[13]

The present study uses modern Molière criticism as a way of understanding Mme de Sévigné, and a description of her comic technique is offered according to three areas proposed by Will G. Moore in his book, *Molière: A New Criticism:* "Mask," "Scene," and "Speech."[14] In both Molière and Mme de Sévigné there is evidence of *esprit* or wit, that intellectual facility which perceives contrasts. *Moliéresque* critical theory would call this perception the "Imposteur" technique. As the opening lines of Molière's *Lettre sur l'Imposteur* propose, it is a "discours du ridicule" where *ridicule* is defined as the incongruous and the unreasonable.[15] This notion depends on an act of intelligent judgement of what actually constitutes the normatively reasonable, and consequently, it presupposes the same perspective on the part of the reader/spectator. Implicit to both irony and ridicule is the complementarity necessary between the giver and the receiver of the message. A homology of understanding is presumed, and this potentially flattering presupposition can serve to tighten bonds between those involved in such a communicative process.

Though not much can be said with certainty regarding Marie de Rabutin-Chantal's early education, we do know from her letters that she emphasized the modern and the practical, valuing the reading of contemporary works as they provided subject for stimulating conversation and an acquaintance with history and philosophy. That she knew Italian well and Latin but a little is to restate what many Sévignistes have already demonstrated. One can speculate, however, that due to the continued importance of rhetoric in seventeenth-century schooling, much that was written was greatly impregnated with the principles of Aristotle, Cicero, and Quintilian. The Marquise's exposure to pulpit oratory, her close association with the solitaries of Port-Royal, notably Arnauld and Nicole, the appearance of French treatises on the art of speaking and writing, give one all the more reason to suspect that, consciously or unconsciously, this woman of letters was as influenced by the use of tropes and figures of speech as were her Jesuit-educated contemporaries. That they can be analyzed in her writings is but testimony to this influence.

This application, then, of *moliéresque* critical theory to the *Correspondance* of Mme de Sévigné can contribute to a renewed appreciation of the highly intellectual quality of the comic genius of a "spirituelle marquise," a mother who desperately wanted to entice a distanced daughter to regularity in an epistolary exchange, a woman of wit and irony.

1

Transitions

Marcel Gutwirth in *Molière ou l'invention comique* has demonstrated the transition of Molière's comic technique from one that evoked a "gros rire" to one that elicited, for example, in *Le Misanthrope,* a "rire dans l'âme."[1] It can be demonstrated that Mme de Sévigné's *esprit* and technique of *ridicule* show a curve of development whereby she can be said to have undergone a passage from a "rire de supériorité" to a "rire grave." Letters, being a form of life, testify to continual movement or change. As every person experiences "passages" from one stage of life to another, so one's letters reflect this fluidity. As the *Lettres* written around the 1670s show the influences of early *Rabutinage,* those of the 1680s witness to the fact that the broad humor of the earlier ones had gone.

The eleventh of Pascal's *Lettres provinciales* was of pivotal importance and was much read and appreciated by Mme de Sévigné.[2] From the tone of the previous ten, which were characterized by "agréable raillerie," Pascal passes to the "Muse Indignation." Whereas the former were typical of what has been termed the classical litotes, that comic exaggeration of the gap separating the aberration from what is generally accepted as normative ("l'exaggération d'une chose basse et ridicule"),[3] the latter definitively adopts a more serious style, the weapon of invective. Whereas the former ten *Lettres* treated with an appropriately light tone objects which seemed in their exaggeration to be without any inherent truth or nobility, the latter treats with *raillerie fine* a subject which appears to be inherently noble and serious. Pascal defended his position on the grounds that a precedent for mockery of error had been established even by Sacred Scripture, where raillery, inspired by a spirit of truth and charity, served as an effective means of fraternal correction.[4]

With advancing years and the diminishments of old age and illness, Mme de Sévigné tried to make some kind of peace with that duality which is of the essence of the human. The distance between the true ironist and the object of ridicule narrows as the Marquise begins to come to terms with her humanity, with the awareness of her own limitations. Her transition or "conversion" from the witty *mondaine* to the woman who more and more abandons herself to the designs of Providence can be seen in the passage from the comedy typified by the classic "rire de supériorité" to the more serious tone of a "rire grave," that curve of development which corresponds to Pascal and Molière. While it could never be said that she lost her sense of humor, or turned to invective as did Pascal, what she did in a sense lose was that element of separation and superiority necessary to irony and raillery (since society can only ridicule what it isolates). Molière's Alceste is unlike his Sganarelles in his lucidity; he carries his virtuous qualities to an extreme and becomes laughable. But the laughter provoked is no longer the "gros rire" of the farce but the "rire dans l'âme" of a complex comedy.[5]

As one reads the Marquise, one becomes aware of the fact that most of the representative examples of her wit and irony are found in the letters which date from 1671 to 1680. Those familiar with the totality of the *Correspondance* of Mme de Sévigné have experienced firsthand, as has Charles Williams, that "malicious wit like Rabutin raciness flickers through the early letters, *more than later*, with physical ugliness, awkwardness or stupidity, derided as openly as their opposites are freely enjoyed."[6]

To illustrate this change in style, a close look at three passages would be useful. The first comes from the earliest period of the epistolary exchange between Mme de Sévigné and Mme de Grignan, that period where the mother gave free rein to her spiciest verbal inventiveness in order to amuse and seduce her daughter to continue corresponding.

Parlons un peu de votre frère; il a eu son congé de Ninon. Elle s'est lassée d'aimer sans être aimée. Elle a redemandé ses lettres, on les a rendues. J'ai été fort aise de cette séparation. Je lui disais toujours un petit mot de Dieu, et le faisais souvenir de ses bons sentiments passés, et le priais de ne point étouffer le Saint-Esprit dans son cœur. Sans cette liberté de lui dire en passant quelque mot, je n'aurais pas souffert cette confidence dont je n'avais que faire. Mais ce n'est pas tout. Quand on rompt d'un côté, on croit se racquitter de l'autre; on se trompe. La jeune merveille n'a pas rompu, mais je crois qu'elle rompra. Voici pourquoi: mon fils vint hier me chercher du bout de Paris pour me dire l'accident qui lui était arrivé. Il avait trouvé une occasion favorable, et cependant oserais-je le dire? "Son dada demeura court à Lérida." Ce fut une chose étrange; la demoiselle ne s'était jamais trouvée à telle fête. Le cavalier en désordre sortit en déroute, croyant être ensorcelé. Et ce qui vous paraîtra plaisant, c'est qu'il mourait d'envie de me conter sa déconvenue. Nous rîmes fort; je lui dis que j'étais ravie qu'il fût puni par où il avait péché. Il s'est pris à moi, et me dit que je lui avais donné de ma glace, qu'il se passerait fort bien de cette ressemblance, que j'aurais bien mieux fait de la donner à ma fille. Il voulait que Pecquet le restaurât. Il disait les plus folles choses du monde, et moi aussi. C'était une scène digne de Molière. Ce qui est vrai, c'est qu'il a l'imagination tellement bridée que je crois qu'il n'en reviendra pas sitôt. J'eus beau l'assurer que tout l'empire amoureux est rempli d'histoires tragiques, il ne peut se consoler. La petite *Chimène* dit qu'elle voit bien qu'il ne l'aime plus, et se console ailleurs. Enfin, c'est un désordre qui me fait rire, et que je voudrais de tout mon cœur qui le pût retirer d'un état si malheureux à l'égard de Dieu. (8.4.71)

Undoubtedly one of her racier *narrations*, this selection includes several interesting aspects of the early *style Sévigné*.

What could really have been the subject of a letter written in a much more serious tone is treated by the mother of the potentially impotent son in the manner of a scene from a scabrous farce ("C'était une scène digne de Molière"). She admits that "c'est un désordre qui me fait rire," thereby attesting to an ironic distance with respect to a situation which in itself carries many painful dimensions.

That she chooses to begin the account with the word *parlons* indicates how vitally present is the other in this epistolary *supplément*. That the other, the "tu" in Benvenistian terminology, reappears in the middle of the relation ("Et ce qui vous paraîtra plaisant,") says that the *épistolière* is attempting to attenuate absence and distance through an imagined conversational presence. Subtly and seductively, Mme de Sévigné underscores an affinity of *esprit*. She knows that this style pleases her daughter ("Vous ne me parlez point assez de vous; j'en suis avide, comme vous l'êtes de folies" [24.4.71]) and does not hesitate to place herself repeatedly onstage during the re-enactment of this *plaisanterie gaillarde*. Variations of first person pronouns are sprinkled throughout the *récit* as the narrator depicts herself in a way she feels her reader will most enjoy.

Repetition (*aimer/aimée, rompt/rompu/rompra*), rhyme (*rompt/trompe*), alliteration (*désordre/déroute, paraîtra/plaisant, conter/déconvenu, puni/ péché*), and anaphora (*on rompt / on croit / on se trompe, Il voulait / Il disait*) add to the overall comic effect of the account as does the tantalizing use of antiphrasis (*l'accident, une chose étrange*) and hyperbole (*La jeune merveille, ne . . . jamais, telle fête, les plus folles choses du monde*). Also present as a thematic are allusions to both novel (*l'empire amoureux, histoires tragiques*) and theater (*Chimène, scène*).

Seeds of what will blossom into an overriding preoccupation in the letters of the 1680s are sown in this fragment. "Il s'est pris à moi, et me dit que je lui avais donné de ma glace, qu'il se passerait fort bien de cette ressemblance. . . ." This trait of her personality, her "glace," as she and her family refer to it, will reappear to haunt her as she grows to consider more seriously her relationship to God.[7] Notable, too, is the fact that this entire and unbridled bath in the risqué is framed in references to the Deity: "Je lui disais toujours un petit mot de Dieu . . . et . . . je voudrais de tout mon cœur qui le pût retirer d'un état si malheureux à l'égard de Dieu." Such religious concerns will occupy an increasingly important role, qualitatively as well as quantitatively, in the letters of 1680 on.

The second selection comes from a letter written not too long after her first real experience with personal illness and incapacitation. It is that ribald duo written with her friend Guitaut:

Il est très sage, cet homme-ci. Cependant je lui disais tantôt, le voyant éveillé comme une potée de souris: "Mon pauvre monsieur, il est encore bien matin pour se coucher; vous êtes bien vert encore, mon ami. Il y a bien du vieil homme, c'est-à-dire de jeune homme en vous." Je m'en vais tout dire. Il ne faisait l'autre jour qu'une légère collation, car il voudrait faire pénitence, et il en a besoin; il m'échappe de l'appeler "Monsieur de Grignan" (ce nom se trouve naturellement au bout de ma langue): il s'écria d'un ton qui venait du fond de l'âme: "Eh! plût à Dieu!" Je le regardai et lui dis: "J'aimerais autant souper." Nous nous entendîmes; nous rîmes extrêmement. Dis-je vrai? Répondez. (29.8.77)

Guitaut jests further in the same letter: "Je finis par là, en vous assurant pourtant qu'à l'heure qu'il est, votre *bonne* est entre deux vins. Adieu l'eau de Vichy. Je ne crois pas, si elle continue, qu'elle y doive aller; ce serait de l'argent perdu" (29.8.77). This is despite his companion's denial: "C'est lui qui en a trop pris. Pour moi, j'en ai peur. Aussi, ils sont si longtemps à table que, par contenance, on boit, et puis on boit encore, et on se trouve avec une gaieté extraordinaire; voilà donc l'affaire." Nonetheless, this letter is full of the old *esprit,* the kind so prevalent prior to her exasperating bout with rheumatism and the humiliations attendant upon the cures taken in the waters at Vichy.

A sense of immediacy with respect to the intended recipient of the letter is evident in the deictic "cet homme-ci." Once again there is an ample number of first person pronouns culminating in the phatic "Dis-je vrai?" which reinforces the inclusion of the "tu" of this discourse. The imperative, "Répondez," being conative in function, provides additional emphasis on the psychological connection between the addresser and the addressee of this message. The urbanity of the early letters is present in the comparison of Guitaut with "une potée de souris" to describe his vivacity, and the use of the adjective *vert* to highlight his youthful spirit. Replete with suggestive double meanings (*une légère collation / souper*), the passage also contains a biblical allusion in the Pauline "vieil homme"—that part of humanity as yet unchanged by the Redemption.

A significant note to this letter is the fact that Mme de Sévigné found it necessary to do some act of reparation for what she considered to be a scandalous frivolity, given the nature of the letter and the conditions under which it was written. Duchêne specifies: "On montre à la collégiale Saint-Andoche de Saulieu un reliquaire de sainte Chantal et une statue que Mme de Sévigné aurait offerts en pénitence."[8]

The third passage for consideration is taken from a letter of October 6, 1680. As in the first selection, this one again has Charles's rakish exploits and their consequences as its subject. This time he seems to have contracted a venereal disease with its ensuing probability of impotence.

Parlons de votre pauvre frère. Un coquin de chirurgien de Paris, après lui avoir fait bien des remèdes, l'assure qu'il est guéri, et ne lui ordonne que du petit-lait pour le rafraîchir. Votre frère en prend dans cette confiance, et cependant il perd un temps qui est bien précieux. Il s'est trouvé enfin dans un état à maudire ce diantre de petit-lait. En sorte qu'il a vu cet homme, que je vous ai dit [a doctor from Le Pertre, near Vitré] qui est habile et qui le traite actuellement selon le mérite de ce mal, sans néanmoins le séquestrer. Nous espérons qu'avec du temps sa santé se rétablira. Nous le consolons, nous l'amusons, Mme de Marbeuf, une jolie femme de Vitré et moi; quelquefois nos voisins jouent à l'hombre avec lui. Il est fort patient, et s'amuse fort bien par le jeu et par les livres, dont il n'a pas perdu le goût. Vous m'allez dire: "Mais, ma mère, ne se doute-t-on point du mal qu'il a? —Ah! oui, ma fille, assurément, cela n'est point difficile à voir." Mais il prend patience, et ce qui est plaisant, c'est que le dais lui ôte la honte [that of the Duchess of Villeroy, with whom Charles contracted his disease], qu'il trouverait insoutenable si ce malheur lui était arrivé sur le rempart [with women who accompanied soldiers, for example]. En effet, quand il songe et quand, et comment, et qui, et sous quelle apparence d'amitié on a abusé de sa jeunesse, il jette à croix et à pile qu'on le sache ou qu'on ne le sache pas, comme si les douleurs en étaient moins sensibles, le mal moins fâcheux, et l'offense moins grande envers le Seigneur. C'est bien là qu'il faut dire "l'*opinione regina del mondo.*"[9] Enfin, ma fille, ce pauvre petit frère vous ferait pitié si vous le voyiez; il est toujours dans la douleur. Je crois que je ne trouverai jamais une si belle occasion de lui rendre les soins qu'il a eus de moi; Dieu ne veut pas que je sois en reste avec lui. (6.10.80)

The conversational tone is consistent in the opening statement of this paragraph: "Parlons de votre pauvre frère," with the addition this time of the qualifying adjective *pauvre*. This adjective dominates the tenor of the whole account as here, in opposition to the letter of April 8, 1671, there is not the humorous banter and outright laughter of a situation viewed with an amused distance. Granted, the reality of this illness is actual rather than hypothetical. However, even the section introduced by "ce qui est plaisant," in its objectivity quite different from the "Et ce qui vous paraîtra plaisant" of the earlier letter, has nothing textually pleasant and witty in the retelling. The "coquin de chirurgien" introduces a dry and somewhat banal relation of facts without a concluding ironic twist or surprise which could have comically highlighted the rascally nature of the doctor, as the Marquise was wont to do. What repetition (*petit-lait, patient/patience, pauvre*) or anaphora (*nous le consolons, nous l'amusons*) there is, does not produce, because of the total context, the same playful spirit as in the letter of 1671. Even the irony of the quotation "l'*opinione regina del mondo,*" used to reflect her son's attitude, is an irony which, lacking in emotional distance necessary to comic irony, is heavy and painful.

Here the "tu" of the correspondence is incorporated in an imaginary conversation and placed squarely in the center of the discourse. Here also the Deity acquires more personalization through a naming of "le Seigneur."

Though the compassionate confidante found such philandering rather laughable when devoid of attendant ill effects, she now finds the whole situation unpardonable: it is no longer *une* "telle fête" but something "punissable," as she states in a letter written a month earlier and interesting for its repetition of some of the same phrases of the letter of 1671.

Votre petit frère franchement ne se porte pas bien; il est trop heureux d'être ici en repos. Pour moi, je ne le crois point en sûreté; je crois que c'est une consolation pour lui de pouvoir se plaindre avec moi, et je suis fort aise aussi de pouvoir, au travers de mes gronderies, lui être bonne dans cette bizarre occasion. Vraiment il aurait bien mieux valu pour lui être, comme Lenclos le disait, "fricassé dans la neige" que dans une sauce de si haut goût. Il me semble que vous ne voulez pas trouver cette aventure assez extraordinaire, et songez que la personne aimée, c'est-à-dire haïe, n'en est pas plus émue ni plus embarrassée que si l'on se plaignait d'un rhume du cerveau. Cela me paraît punissable, et je ne sais comme M. de La Reynie [Lieutenant-General of Police], qui entend si bien la police, n'a point donné ordre à ces sortes de trahisons. (4.9.80)

The "occasion favorable" of 1671 has become the "bizarre occasion" of 1680. Confidences and scoldings still feature but are related without *romanesque* and theatrical allusions or spicy and suggestive syntax. Ninon's "fricassé dans la neige" was quoted in the text of the complete letter of April 1671. Here it is placed in juxtaposition to another culinary metaphor—the one concession to banter in the *récit* of 1680.

Before continuing with the observations relative to the change in epistolary style in the *Lettres* of Mme de Sévigné, it is informative as well as useful at this point to undertake a few generalizations regarding her direct references to the plays of Molière in order to point out those aspects which seem to be in accord with the overall curve of development in the *Correspondance*.

Almost as a framework to the entire body of letters are references to *Tartuffe*. In 1664 Mme de Sévigné responds to her friend Pomponne, who had written about the Chancellor Séguier, nicknamed "Pierrot":[10] "Je suis au désespoir que ce ne soit pas moi qui ai dit 'la métamorphose de Pierrot en Tartuffe.' Cela est si naturellement dit que, si j'avais autant d'esprit que vous m'en croyez, je l'aurais trouvé au bout de ma plume" (1.12.64). Regretfully, she has missed the opportunity to recognize and name a comic mask.

After many years of such practice in discerning the false from the true and of conveying this *décalage* with characteristic ironic wit, she struggles still, and more earnestly, with her own mask of the *dévote*. Absent now is the comic spirit of *ridicule* made possible by a distanced stance. The following passage is to be more representative of the letters after 1680:

Pour moi, ma bonne, j'ai une fantaisie que je n'ose dire qu'à vous. C'est que, si
j'étais dévote, comme par exemple M. de la Garde, je crois, contre l'ordinaire, que
je conviendrais avec mes amis des grâces singulières et précieuses que je recevrais
de Dieu, des changements de mon cœur qu'il aurait tourné avec cette douce et
miraculeuse puissance qui fait que nous ne nous reconnaissons pas nous-mêmes,
et dans le transport de cette charmante métamorphose, touchée comme je le suis
naturellement de la reconnaissance, au lieu de dire mille maux de moi comme font
les dévots, de me charger d'injures, de m'appeler un "vaisseau d'iniquité," je ferais
honneur à la grâce de Jésus-Christ, et j'oublierais mes misères pour célébrer ses
louanges et ses miséricordes. Voilà, ma chère bonne, une folie que je vous confie,
car elle est si peu en usage qu'on me jetterait des pierres. Revenons donc aux dons
naturels que vous avez reçus de Dieu, en attendant les autres, qui sont les plus
souhaitables. (24.5.90)

The word *métamorphose,* which appears in both of these excerpts, is all the
more striking as the reader becomes increasingly aware of the gradual metamorphosis which has been transpiring in the writer.

Other references to this second most frequently alluded to play are used
to name the mask of the hypocrite or the blindly believing, as with Mlle du
Plessis ("L'autre jour la biglesse joua *Tartuffe* au naturel" [5.7.71]), and
Mlle de Garaud, whom at one time Charles de Sévigné had hoped to marry.
His mother writes to him of this missed "opportunity" and of the woman's
current unsettled mental state:

Toutes ces belles dispositions de sa jeunesse, qui faisaient dire à Mme de La Fayette
qu'elle n'en aurait pas voulu pour son fils avec un million, s'étaient heureusement
tournées du côté de Dieu. C'était son amant, c'était l'objet de son amour; tout
s'était réuni à cette unique passion. Mais comme tout est extrême dans cette créa-
ture, sa tête n'a pas pu soutenir l'excès du zèle et de l'ardente charité dont elle
était possédée, et pour contenter ce cœur de Madeleine, elle a voulu profiter des
bons exemples et des bonnes lectures de *La Vie des Saints Pères du Désert* et des
saintes pénitentes. . . . Elle a saintement oublié son mari, sa fille, son père et toute
sa famille. Elle dit à toute heure:

"Ça courage, mon cœur, point de faiblesse humaine."

Il paraît qu'elle est exaucée; elle touche au moment bienheureux qui la sépare,
pour jamais, de notre continent. (5.8.84)

On another occasion she uses the Tartuffe mask with irony as she writes:
"Voilà cette pauvre Vibraye submergée dans les plaisirs; il faudra bien qu'elle
se mortifie, comme notre ami Tartuffe" (3.1.80).

More than with any other source, Mme de Sévigné uses various masks from
Tartuffe to play with her self-portraits. This proves to be especially significant in light of her increasingly serious concern over the sincerity of her
devotion. Several instances are cited in Chapter 2 (13.12.71; 23.12.71; 9.3.72).
To these may be added:

Je ne sais aucune nouvelle aujourd'hui. La musique de Saint-Germain est divine. Le chant des Minimes n'est pas divin. Ma petite enfant [Marie-Blanche] y était tantôt; elle a trouvé beaucoup de gens de sa connaissance. Je crains de l'aimer un peu trop, mais je ne saurais tant mesurer toutes choses.

"J'étais bien serviteur de monsieur votre père":[11]

ne trouvez-vous point que j'ai des raisons de l'aimer à peu près de la même sorte? (15.4.72)

Other allusions to this play become a kind of tic of style as the Marquise repeats or paraphrases Orgon's "le pauvre homme"[12] or emphasizes the motif of blindness/sight as in the following phrases: " 'J'ai vu, ce qui s'appelle j'ai vu, de mes yeux,' une lettre de M. de Feuquières . . ." (30.6.81); "Que je vous suis obligée, ma fille, de m'avoir envoyé la lettre de M. de Saint-Pouange! C'est un plaisir d'avoir vu, 'ce qui s'appelle vu,' une telle attestation de la sagesse et du mérite de notre Marquis, fait exprès pour ce siècle-ci" (29.11.89).[13]

Numerically, there are more allusions made to *Le Médecin malgré lui* than to any other of Molière's productions. Mme de Sévigné picks up the already proverbial ". . . il y a fagots et fagots; mais pour ceux que je fais . . ." from the richly *moliéresque* dramatic irony of Act I, Scene v. As a rather automatic expression, she borrowed the playwright's *fagots* to refer to a variety of *choses*, but most frequently to the bundles of "tidbits" which constituted her letters and when speaking of the *esprit* that she and her daughter vied to display and for which they were quick to compliment one another.

One of the earliest uses of this notion (and not noted in the Duchêne index) involves a special coining and a figurative meaning. She speaks of the natural liberty of her letters: "J'admire quelquefois les riens que ma plume veut dire; je ne la contrains point. Je suis bien heureuse que de tels *fagotages* vous plaisent; il y a des gens qui ne s'en accommoderaient pas. Mais je vous prie, au moins, de ne les pas regretter, quand je serai avec vous. Me voilà jalouse de mes lettres" (4.3.72).

Staying closer to the words as they appear in *Le Médecin malgré lui*, the Marquise opposes the slowness of the gentlemen of Provence about whom her daughter had written, to the vivacity of her letters:

Vous étiez, ma bonne, un peu méchante quand vous m'avez écrit. Mais je vous le pardonne; je sens tout ce que vous sentez, et j'en suis méchante aussi. Ces *fagots habillés* me font enrager comme vous. "Il y a fagots et fagots"; j'aimerais mieux ceux de "cent dix sols." Il y a des endroits dans vos lettres qui valent trop d'argent. (26.1.74)

Having written a letter on Christmas 1675 which depended on her epistolary resourcefulness, as there had been no recent letter to which she could respond ("Voici ce jour où je vous écrirai, ma bonne, tout ce qu'il plaira à ma plume"), Mme de Sévigné minimizes the quality of the letter's contents: "N'est-ce point abuser du loisir d'une dame de votre qualité que de vous conter de tels 'fagots'? car 'il y a fagots et fagots.' Ceux qui répondent aux vôtres sont en leur place, mais ceux qui n'ont ni rime ni raison, ma bonne, n'est-ce point une véritable folie?" (25.12.75).

The reciprocity of this mutual wit which excelled even in recounting the trivia of daily life is celebrated in a letter of 1680: "Je vous ai conté tous ces 'fagots,' ma bonne, comme ceux des Rochers, et comme vous me contez quelquefois les vôtres; que pourrions-nous conter si nous ne contions des 'fagots'? Il est vrai qu'il y a 'fagots et fagots,' et que les vôtres sont meilleurs que les miens" (4.9.80).

The Prior of Cabrières merited the appellation "médecin malgré lui" in the *Correspondance,* as he had prescriptions for a few disorders but little or no real knowledge of medicine.

On disait hier que Mme de Montespan voulait remener le prieur de Cabrières chez lui [in Provence], et sur les lieux faire traiter ses enfants; il dit que le chaud de ce pays-là est meilleur pour ses remèdes. Ce serait une étrange folie que de quitter la partie de cette manière; toutes les heures qu'elle occupe encore, elle les retrouverait prises [by another Mistress]. Pour moi, je crois que cela ne sera pas. Cependant ce "médecin forcé" traite Mme de Fontanges d'une perte de sang très opiniâtre et très désobligeante, dont ses prospérités sont troublées. Ne trouvez-vous pas que voilà encore un beau sujet de réflexion pour en revenir à ce mélange continuel de maux et de biens que la Providence nous prépare afin qu'aucun mortel n'ait l'audace de dire: "Je suis content." (26.4.80)

The concoctions created by this man became "fagots" in the letters of the Marquise: "Nous avons très bien jugé du prieur de Cabrières; c'est 'le médecin forcé.' Cependant, 'en faisant ses fagots,' Mme de Coulanges me mande qu'il a guéri Mme de Fontanges qui est revenue à la cour, où elle reçut d'abord publiquement une fort belle visite" (14.5.80).

In a pseudo-philosophical vein, Mme de Sévigné gives a summary of Court news to Guitaut:

Ma fille m'écrit du 8e de ce mois. Elle me mande qu'elle se porte fort bien, que sa poitrine ne lui fait aucun mal. Celui de la belle duchesse de Fontanges est quasi guéri par le moyen du prieur de Cabrières. Voyez un peu quelle destinée! Cet homme que je compare au "médecin forcé," qui faisait paisiblement des fagots, comme dans la comédie, se trouve jeté à la cour par un tourbillon qui lui fait traiter et guérir la beauté la plus considérable qui soit à la cour. Voilà comme les choses de ce monde arrivent. (18.5.80)

Presumably the Prior aspires to the bishopric so that he will have the ability to ordain priests in addition to his ability to effect cures: "Celui de votre prieur de Cabrières n'est pas mauvais; après avoir fait des 'fagots,' il veut faire des prêtres! Cette lettre de Mme de Coulanges m'a paru propre à vous divertir . . ." (21.5.80). But his luck with medicine does not last and he, according to the *épistolière,* can now return to the *fagotage* of a prior's duties: "La belle Fontanges est retombée dans ses maux. Le prieur va recommencer ses remèdes; s'ils sont inutiles, il pourra bien retourner à ses 'fagots' " (25.5.80). Another scene from *Le Médecin malgré lui* which was to prove to be a source for many cleverly nuanced variations is one that is reminiscent of the "dépit amoureux" between the shrewish wives and their roguish spouses of the medieval *fabliaux.* In this scene Martine, Sganarelle's wife, learns that her husband may be hanged, having been instrumental in Lucinde's eloping with Léandre:

> –Sganarelle: Retire-toi de là, tu me fends le cœur.
> –Martine: Non, je veux demeurer pour t'encourager à la mort, et je ne te quitterai point que je ne t'aie vu pendu. (III,ix)

Charles de Sévigné is about to leave on a military campaign accompanied by the Count of Broglie, brigadier of the *gendarmerie,* when Mme de Sévigné writes:

> Je suis triste, ma mignonne, le pauvre petit compère vient de partir. Il a tellement les petites vertus qui font l'agrément de la société que, quand je ne le regretterais que comme mon voisin, j'en serais fâchée. . . . Voilà Beaulieu qui vient de le voir monter gaiement en carrosse avec Broglie et deux autres; il n'a point voulu le quitter qu'il ne "l'ait vu pendu," comme Mme d'Oppède à son mari. On croit qu'on va assiéger Cambrai. . . . (15.4.76)

In May of 1680 Mme de Sévigné is about to depart for a sojourn at Les Rochers:

> J'ai eu tant d'adieux, ma fille, que j'en suis étonnée; vos amies, les miennes, les jeunes, les vieilles, tout a fait des merveilles. La maison de Pomponne et Mme de Vins me tiennent bien au cœur. L'abbé Arnauld arriva hier tout à propos pour me dire adieu. Pour Mme de Coulanges, elle s'est signalée; elle a pris possession de ma personne. Elle me nourrit, elle me mène, et ne me veut pas quitter qu' "elle ne m'ait vue pendue." Mon fils vient à Orléans avec moi; je crois qu'il viendrait volontiers plus loin. (6.5.80)[14]

During Charles's illness, a friend, Mme de Marbeuf, is so assiduous in her care and concern that she merits the following praise: "Mme de Marbeuf est encore ici; elle vous fait mille compliments. Elle ne veut point quitter mon fils qu' 'elle ne l'ait vu pendu.' C'est la meilleure amie du monde et d'un très bon conseil" (9.10.80).[15]

Another transposition of this phrase occurs when the Marquise returns to Les Rochers after an excursion to Dol:

Je revins de mon grand voyage hier au soir, ma chère belle. Je dis adieu à nos Gouverneurs le lundi à huit heures du matin, les suppliant de m'excuser si je les quittais "devant que de les avoir vus pendus," mais qu'ayant dix lieues à faire et eux cinq, je m'ennuierais trop à Dol le reste du jour. Ils entrèrent dans mes raisons, et me dirent adieu avec des tendresses et des remerciements infinis. (1.8.85)

Tartuffe gave birth in the *Lettres* to many masks, some scenes, and tics of speech. *Le Médecin malgré lui* proliferated in automatisms of diction[16] and some notable scenes such as this deftly drawn sketch of the "death and resurrection of Langlade":

Savez-vous bien que Langlade les [the "animal spirits" thought to be responsible for physical movement] a eus fixés de telle manière que sa femme fut emportée de sa chambre, et lui mis sur la paillasse avec toute la contenance d'un mort? Il passa un médecin par pur hasard. La scène est en Poitou. Ce médecin voulut le voir tout de même que celui dont vous me parlâtes au sujet de cette dame qu'il ressuscita. Il observa ce pauvre corps, il y trouva encore quelque chaleur. Il lui donna des remèdes dont on se moquait; enfin il en vint à l'émétique, et l'on écrit à Mme de La Fayette qu'on est persuadé que Langlade en reviendra. Voilà une histoire qui ressemble fort à celle que vous savez. (18.9.80)

Unfortunately this doctor's cure was not much better than a Sganarelle's would have been, as Langlade died "for good" the following December.

Couched in a series of compliments paid to Françoise-Marguerite is a reference to a serendipitous analogy which she made comparing the Jansenists to Sganarelle's wife, Martine, who enjoyed the sport of a healthy quarrel with her husband ("Et je veux qu'il me batte, moi" [I,ii]) and certainly did not appreciate the assistance of a neighbor who came to stop the fight ("De quoi vous mêlez-vous? Voyez un peu cet impertinent, qui veut empêcher les maris de battre leurs femmes" [I,ii]):

Je vous mandai l'autre jour mon avis sur cette lettre du clergé; je suis ravie quand je pense comme vous. Le mot de *fantôme*,[17] qu'ils combattent grossièrement, s'est trouvé au bout de ma plume comme au bout de la vôtre, et ils lui donneront cent coups après la mort. Cela me paraît comme quand le comte de Gramont disait que c'était Rochefort qui avait marché sur le chien du Roi, quoique Rochefort fût à cent lieues de là. En vérité, ceux que nos prélats appellent les "jansénistes" n'ont pas plus de part à tout ce qui leur vient de Rome, mais leur malheur, c'est que le pape est un peu hérétique aussi. Ce serait là un moulin à vent digne de leur faire tirer l'épée. Votre comparaison est divine de cette femme qui veut être battue: "Oui," disent-ils, "je veux qu'il nous batte. De quoi vous mêlez-vous, Saint-Père? nous voulons être battus." Et là-dessus ils se mettent à le battre lui-même, c'est-à-dire à le menacer adroitement et délicatement. . . . Tout cela est exquis, et si j'avais trouvé cette juste comparaison de la comédie de Molière,[18] dont vous me faites pâmer de rire, vous me loueriez par-dessus les nues. (4.8.80)

Compliments of this nature were not unusual as writer/reader mirrored to reader/writer that wit which was known to be so pleasing. Another allusion to Molière surfaces in this laudatory context where mother and daughter had exchanged news about the infamous "la Brinvilliers."[19] Mme de Grignan had evidently alluded to Molière's *Le Sicilien* where, in Scene xii, Hali, Adraste's valet, comes onstage dressed as a Spaniard. He asks Dom Pèdre, the Sicilian, in the presence of Adraste, what one should do who wishes to seek vengeance:

–Hali: Seigneur, j'ai reçu un soufflet: vous savez ce qu'est un soufflet, lorsqu'il se donne à main ouverte, sur le beau milieu de la joue. J'ai ce soufflet fort sur le cœur: et je suis dans l'incertitude si, pour me venger de l'affront, je dois me battre avec mon homme, ou bien le faire assassiner.

–Dom Pèdre: Assasiner, c'est le plus court chemin.

Mme de Sévigné congratulates her daughter:

Rien n'est si plaisant que tout ce que vous me dites sur cette horrible femme. Je crois que vous avez contentement, car il n'est pas possible qu'elle soit en paradis; sa vilaine âme doit être séparée des autres. "Assassiner est le plus sûr": nous sommes de votre avis; c'est une bagatelle en comparaison d'être huit mois à tuer son père, et à recevoir toutes ses caresses et toutes ses douceurs, à quoi elle ne répondait qu'en doublant toujours la dose. (29.7.76)

L'Avare features significantly in the correspondence of Mme de Sévigné. At times borrowed phrases from this play add a comic hue to the drawing of a pen-portrait[20]; at other times Harpagon's "sans dot" echoes through the letters.[21] So, too, the naïve-but-avid-for-knowledge "Agnès" and the exasperated M. de La Souche of *L'Ecole des femmes* find epistolary counterparts in portraits done by the Marquise.[22]

A brief study of the dates of the bulk of references to the plays of Molière indicates that between the years 1671 and 1680 there were approximately sixty-four allusions, whereas during the years 1680 to 1696 one finds around sixty-eight. What is interesting about these figures is that during the first period the references are scattered throughout, but during the latter period two years, 1680 and 1689, alone are responsible for about fifty-three of the references.

This distribution can be seen to be significant in light of the fact that from May to October of 1680 and from May of 1689 to late September of 1690 Mme de Sévigné wrote from Les Rochers. One could then make the hypothesis that when the mother felt most keenly distance and absence she relied most on the bonding sensed through shared Sévigné wit, a wit so characteristic of all the early letters. When having to depart from Paris, where the mail seemed to be more regular and dependable, and particularly when departing for voyages to Brittany, she decried repeatedly the incongruity of increasing the physical distance separating her from Mme de Grignan. That heightened perception of the incongruous seems to have sharpened the comic vision of *ridicule* which she continues to share with the dramatic poet. As the name Tartuffe provided a kind of framework to the letters so, of course, does that of Molière. One such early mention laments the absence of the playwright whose farces provoked so much laughter:

C'est dommage que Molière soit mort. Il ferait une très bonne farce de ce qui se passe à l'hôtel de Bellièvre. Ils ont refusé quatre cent mille francs de cette charmante maison, que vingt marchands voulaient acheter, parce qu'elle donne dans quatre rues et qu'on y aurait fait vingt maisons; mais ils n'ont jamais voulu la vendre, parce que c'est la maison paternelle, et que les souliers du vieux chancelier en ont touché le pavé, et qu'ils sont accoutumés à la paroisse de Saint-Germain-l'Auxerrois. Et sur cette vieille radoterie, ils sont logés pour vingt mille livres de rente. Que dites-vous de cette manière de penser? (10.7.75)

More solicitous of practicalities than of tradition and prestige, this niece of the pragmatic Abbé de Coulanges could have envisioned the playwright constructing a type of *Nobles indigents* as a counterpart to his *Bourgeois gentilhomme.*

The detestable self-seeking qualities of M. de Mirepoix cause her to exclaim: "Ce serait une farce de vous dire tout ce que dit et fait ce Mirepoix, mais comme le sujet en est haïssable et que Molière, qui aurait pu en faire des merveilles, est mort, je ne vous en dirai pas davantage" (26.8.75). The ineptitude of doctors attending Mme de Coulanges elicits: "Il n'y a qu'à voir ces messieurs pour ne vouloir jamais les mettre en possession de son corps. . . . J'ai pensé vingt fois à Molière depuis que je vois tout ceci" (25.9.76).

It is not until 1695 that any didactic motive is ascribed by her to Molière's vision, and revealingly, it is the last direct reference made to the comedian. Overwhelmed with thoughts of illness and death and the folly of pretension in light of the end of all that is mortal, Mme de Sévigné concludes a rather sarcastic paragraph with the words: "J'espère que ce mot empêchera dans l'avenir ces sortes d'usurpations et les pourra corriger, comme Molière a corrigé tant de ridicules" (19.6.95).[23]

The picture the author presents of herself in the *Lettres* undergoes transformation or metamorphosis over the years. The *épistolière* reflected in the letters of 1680 and beyond is not the same deliciously urbane scribe of the previous letters. An understanding of the nature of this change may be aided by an understanding of that curve of development seen in the writings of Pascal and the plays of Molière.

In his first ten *Lettres provinciales* Pascal advances the doctrine of the "rire classique" or "rire de supériorité." This is the laughter which is an affirmation of superiority under the veil of a falsely admiring irony.[24] Socratic in methodology, it affects a position of inferiority in order to hide a relation of domination. Seeing the "chink in the armor" of the adversary, "il n'affirme que pour nier."[25] Socrates excelled by using the weapon of the litotes, saying less than he knew to say, minimizing what he did say. "Socrate crible de questions les marchands de belles phrases et il prend un malin plaisir à crever leurs outres d'éloquence, à dégonfler ces vessies toutes pleines d'un vain savoir."[26] Such also was the spirit of the comic raillery of Pascal's early letters.

But time and events began to show more clearly to Blaise Pascal that the Jesuits were no mean adversary, and he came to the realization that the combat was no longer possible in the form he had to that point envisioned. What could truth effect when pitted against violence? The tranquil "rire de supério-rité" typical of the first *Lettres* was seen to be too impotent an arm to use against such odds.

Pascal's eleventh letter was a defense of raillery against the latest charge of impiety. It also brought him to a crossroads in terms of his future strategy. Could he continue with his efforts to correct via the vehicle of laughter produced by an "agréable raillerie"? How could he affect a position of inferiority when he knew it to be no longer affectation but fact? Few other plans of attack remained, one of which being a morbid, black, or anachronistically, a Freudian humor. "Humour tragique, bien défini par Freud quand il cite la parole du condamné à mort, qui, apprenant un lundi matin qu'il va être executé, s'écrie: 'Voilà une semaine qui commence bien!' C'est une manière de nier le destin tout en reconnaissant son irréfragable puissance."[27] Laughter evoked by this means is an affectation of dominance over an adversary one knows to be in reality too powerful and ultimately invincible. The irony of such a situation hardly elicits a guffaw but rather a kind of bemused reflection on life's incongruities as "un ironiste qui affronte la souffrance majeure, suprême, infinie du dernier supplice ne joue plus la comédie."[28] Circumstances exterior to himself caused Pascal's change in style. These superior forces caused him to move from the "rire classique" to a "Muse Indignation."

Marcel Gutwirth speaks of the curve of development in Molière as a humanization and an interiorization of the earlier farces.

> Le romanesque n'est plus un enlèvement concerté du dehors, il est l'émoi d'une jeune fille qui aime et qui est menacée dans son amour. Le jaloux n'est plus un plastron que l'on brime, il est l'auteur de son propre tourment, et nous rions parce qu'il est odieux sans qu'il nous soit permis d'oublier qu'il est homme.[29]

In a kind of spiral movement this comic genius reworks themes and personalities from previous dramas, modifies and distorts them, parodying and perfecting them, always surprising. The strange endeavor which he undertook "de faire rire les honnêtes gens" caused him to view with irony all about him, even his own productions.[30] The "gros rire" of the farces gives way in plays like *Tartuffe* (1664), *Dom Juan* (1665), *Le Misanthrope* (1666), *Amphitryon* (1668), *George Dandin* (1668), and *Monsieur de Pourceaugnac* (1669) to a more interior "rire dans l'âme."

Molière's creations seem to embody that "crisis of the limits" to which humankind comes when it discovers in manifold ways its finitude. The destiny of being "merely human" proves to be the biggest stumbling-block as his characters contrive again and again to have artifice and fantasy be victors over nature. But this vision of the limits did not frustrate or embitter the comic poet. His response to such an indomitable force was to depict it with ironic detachment and with verve. The humanization which comes with confrontation and acceptance involves for Molière an even more indomitable gaiety. For Gutwirth this humanization of comedy is "une adhésion pleine et généreuse à tout ce qui élève et embellit la condition humaine: la bonté, le courage, la droiture, la loyauté, l'amour." Molière's comedy is Alceste-like as it snorts with impatience, hastening to sweep away the reign of the lie, to settle accounts with sycophants, hypocrites, and simperers. His comedy is more faithfully incarnated in a Dorine and a Toinette, "joyeuse, loyale, désintéressée, lucide mais avec allégresse et même espièglerie."[31]

This curve of development in Molière has been described as a *va et vient* between "scourge" and "smile." "Scourge" predominates when there is shown through obvious mockery a dislike of pretense. Here flattery, compliments, tyranny, fraud, all these appear in his drama as ripe for exposure against the truth. And source enough there was in a society which was built on appearance and riddled with deceit.

"Smile" occurs when man's nature is revealed even at the expense of his will and his plan, when the angle of vision is not that of rectitude or realism but of life as opposed to all that is not alive, all that is thought or willed or assumed. The spectator smiles when reminded of his basic humanity. Here comedy becomes more than mockery, an exposure of the artificial and the stereotyped. It is a reassuring, sympathetic and poetic depiction of the invasion of the human and the natural.[32]

This reminder of one's basic humanity is an essential part of the comic vision behind all of Molière's greater plays, those plays Gutwirth would speak of as being more interiorized and humanized. It was a development toward a "rire dans l'âme" which Molière achieved by a borrowing and reworking from his own earlier farces without ever completely abandoning the "gros rire" of the latter, as *Les Fourberies de Scapin* shows.[33] Hence the *moliéresque* curve could be described as spiral in distinction to Pascal's transition from "rire de supériorité" to "rire grave," which was decidedly more abrupt. Let's look now at that curve of development which occurred in the *Lettres* of Mme de Sévigné.

Several inferences can be drawn from the analysis of the three passages which began this chapter. A significant constant is the ever-present "tu" of the epistolary discourse, a "tu" included in the "nous" of *parlons* and in the imaginary dialogue in the middle of the paragraph of the third selection. Yet, in this last example, the appeal to questions, imperatives, and the phatic and conative functions of language seems somewhat diminished as is the distance from other realities of life. Charles assumes more importance in the emotional immediacy of the latter account. The circle of real concern seems to have widened—perhaps through writing, the passion for Françoise-Marguerite has been to a degree exorcised.[34]

Another argument which would support the thesis that Mme de Sévigné has, by means of writing, worked through her passion is that the compliments bestowed upon the daughter's style become more uniform and superficial after 1674, perhaps indicating that a sufficient level of reciprocity and mutuality has been attained. Bernard Bray suggests that, initially, the Marquise was conscious of the usefulness of a detailed enumeration of the positive qualities in her correspondent's letters. Quoting a letter of 1672, he adds that Mme de Sévigné found at this early date satisfaction in her daughter's style ("Votre style est devenu comme on le peut souhaiter, il est fait et parfait" [23.5.72]) and that a final confirmation came in January of 1674 with the judgement: "Votre style s'est perfectionné" (5.1.74).[35] Compliments had been the means used to achieve this reciprocity.

The narcissism of seeing one's reflection being faithfully mirrored does bring a sense of achievement, some sense of fulfillment, but there is always in human nature an element of dissatisfaction and a craving for more. That more for Mme de Sévigné was both internal and external to her correspondence. Internally, though her need for and love of her daughter would never be completely satisfied, there does seem to be reflected an equilibrium of this maternal passion and an attempt to move the centrifugal force of her life in a direction toward which she had always struggled, toward an acceptance of and love for Divine Providence. This is a struggle that had been to an extent external to the correspondence. After 1680 it was to become more and more a central focus.

The change which can be noted in the three examples previously cited is representative of the change apparent on a larger scale as one reads the *Correspondance.* The libertine verve gradually gives way to a more subdued, almost "innocent" humor, a humor less typical of that wit proper to a Rabutin. Absent from the third selection, as it was increasingly absent from the letters of 1680 on, in general, is that wanton pleasantry, the highly suggestive if not directly lewd vocabulary, the ironically turned barb, and open derision. That wit which seemed so necessary in its seductive powers gives way to the seduction of other concerns. The perception of incongruity is always present as, for example, in the delightfully humorous "Lettre des Chevaliers" of 1689. The manner of expression, the verbalization of worries and preoccupations, the very self-portrait of the *épistolière,* however, undergoes a transformation as that long-fought struggle with the "mask" of the *dévote* gains a dramatic proportion equivalent to a struggle with a formidable protagonist. Like successive images reflected in a mirror, Mme de Sévigné's readers see a succession of reflections of the Marquise; the image of the heroine is altered during the course of the battle.

Mother and family had joked about the Marquise's "ice," a trait found laughable in 1671. But exorcism of passion becomes spiritual exercise as the writer tries to melt her "cœur de glace" and to modify her merely intellectual submission to the designs of Providence. "Je vous admire sur tout ce que vous dites de la dévotion. Eh, mon Dieu! il est vrai que nous sommes des *Tantales.* Nous avons l'eau tout auprès de nos lèvres, nous ne saurions boire: un cœur de glace, un esprit éclairé" (1.5.80).

With a closer firsthand experience of those factors initially more external to the letters—illness, the diminishments of advancing years, the death of loved ones—life's incongruities become life's contradictions and some sense of systematic order is needed. That order, which for some was to be found in a philosophic system, was for Mme de Sévigné to be found in religion, and writing became the manner of achieving it.

As Charles Williams views this development, compassion and resignation lead the letter writer out of contradictions. By the end of 1680 she begins to wean herself and her letters from rigid dependence on purely mechanical invocations of Providence and to describe them as "torrents" or *fagots* (though in a new sense): "the letter-writer yearns to be free of memory or 'this damnable wit'; 'desolate stretches' of prosy flatness and fatigue with letter-writing are not hidden. Writing badly—or at least plainly—in penance for epistolary vanities? The unthinkable for the letter-writer at the beginning of the decade is a reality at its end."[36]

To illustrate this change in tone of the *Lettres* as they relate to the Marquise's attitude toward the Deity, Roger Duchêne compares two texts both of which were written to Bussy-Rabutin, exiled to his provincial estate. The first is from January 1675.

[T]ous nos désirs n'avancent pas d'un moment l'arrangement de la Providence. Car j'y crois, mon cousin; c'est ma philosophie. Vous de votre côté, et moi du mien, avec des pensées différentes, nous allons le même chemin. Nous visons tous deux à la tranquillité, vous par vos raisonnements, et moi par ma soumission. La force de votre esprit et la docilité du mien nous conduisent également au mépris de tout ce qui se passe ici-bas. Tout de bon, c'est peu de chose. Nous avons peu de part à nos destinées: tout est entre les mains de Dieu. Dans de si solides pensées, jugez si je suis incapable de comprendre votre tranquillité. (20.1.75)

With an icy clearness the Marquise speaks of an intellectual submission to an "order" which is capable of making a sensible arrangement out of "tout ce qui se passe ici-bas." But like so many of Molière's creations, she finds the "pose" of submission unbearable and so it issues in true submission. And as Pascal was faced with the power of the opposition, when writing his eleventh *Lettre provinciale,* so this letter writer learns through years so full of the always wrenching *adieux,* that "le temps de l'*insolence* est passé."[37] Duchêne notes this difference in attitude and tone, apparent in a second letter written to Bussy, where there is obviously much less separation between the "cœur de glace" and her "esprit éclairé."

> J'admire toujours les jeux et les arrangements de la Providence. Elle veut que ce Rabutin d'Allemagne, par des chemins bizarres et obliques, s'élève et soit heureux, et qu'un comte de Bussy, l'aîné de sa maison, avec beaucoup de valeur, d'esprit et de services, même avec la plus brillante charge de la guerre, soit le plus malheureux homme de la cour de France. Oh bien! Providence, faites donc comme vous l'entendrez. Vous êtes la maîtresse, vous disposez de tout comme il vous plaît, et vous êtes tellement au-dessus de nous qu'il faut encore vous adorer, quoi que vous puissiez faire, et baiser la main qui nous frappe et qui nous punit, car devant elle nous méritons toujours d'être punis. (22.9.88)

Recognition of the authority of Providence has now issued in confidence in a personal Providence. The reflection of the *style mondain* of 1675 has been transformed into a kind of prayer, and this prayer, like so many other invocations of the Deity, was provoked by still another *adieu.* "Glace" has been touched by *grâce* and an epistolary metamorphosis has been effected. Duchêne remarks: "Que de chemin parcouru entre ces velléités de 'conversion' et la pensée, devenue véritablement habituelle de la Providence après 1680!" He notes, supporting this change, that between 1675 and 1688 Mme de Sévigné, in addition to her reading, conversations, and the example of others, needed to discover some further meaning in the series of tests to which she had been put. The notion of a sovereign will or order did not in itself suffice, and she experienced the desire, more or less conscious, to renounce conflicts and contradictions by finding a peaceful equilibrium in entrusting to God the task of reconciling the irreconcilable. Some would call this desire, grace.[38]

"Voilà comme sont les hommes; ils ne savent ce qu'ils voient, ni ce qu'ils disent" (2.10.89). There are those who see reflected in the *Lettres* of Mme de Sévigné the woman of wit and irony who could elicit the classical "rire de supériorité." There are those who can see reflected a woman of faith and humor who could provoke a bemused "rire dans l'âme" as they ponder with her on life's incongruities. The complexity of the images mirrored in the *Correspondance* can bedazzle and confound as did the complexity of the woman herself, according to her contemporaries. Whatever the image pursued by a reader—and there are many beyond those discussed in this study—it is certain that the image is shaped and developed by the act of writing, by the imponderable power of the word. This word informs and defines as it informed and defined the Marquise de Sévigné, who could not have been aware of the total impact or meaning of all that she has left as a rich literary legacy.

2

Mask: "Portrait"

Madame de Sévigné, a century before Rousseau, sought a transparency of being and relating which she called the "naturel." Many were the times she cautioned or praised on the basis of a norm which opposed a "style à cinq sols" (that is, the style of the then popular commercial guides on how to write). On February 11, 1671, in the earliest days of her correspondence with her daughter, Françoise-Marguerite, she comments on style with a desire to achieve as much immediacy by means of the written word as possible. If the epistolary exchange was to be in any way a satisfying "supplément" for physical presence, then the "perfect letter for both correspondents must remain, despite all risks, a perfect transparency":[1]

> Je n'en ai reçu que trois de ces aimables lettres qui me pénètrent le cœur; il y en a une qui me manque. . . . Elles sont premièrement très bien écrites, et de plus si tendres et si naturelles qu'il est impossible de ne les pas croire. La défiance même en serait convaincue. Elles ont ce caractère de vérité que je maintiens toujours, qui se fait voir avec autorité, pendant que le mensonge demeure accablé sous les paroles sans pouvoir persuader; plus elles s'efforcent de paraître, plus elles sont enveloppées. Les vôtres sont vraies et le paraissent. Vos paroles ne servent tout au plus qu'à vous expliquer et, dans cette noble simplicité, elles ont une force à quoi l'on ne peut résister. Voilà, ma bonne, comme vos lettres m'ont paru. (11.2.71)

This ideal of transparency, of perfect union between being and seeming, she was to restate poignantly several years later, this time in conjunction with a funeral service for Turenne, a hero whose nobility she so much admired:

> Ah, ma fille! qu'il y a longtemps que je suis de votre avis: rien n'est bon que d'avoir une belle et bonne âme! On la voit en toute chose, comme au travers d'un cœur de cristal. On ne se cache point. Vous n'avez point vu de dupes là-dessus; on n'a jamais pris longtemps l'ombre pour le corps. Il faut être, il faut être, si l'on veut paraître; le monde n'a point de longues injustices. (9.9.75)

However, the *décalage* of being and seeming is a fact since the fall from Eden. Duplicity and masking are accepted as a reality, as a fact of the human condition. So much is this the case that the metaphor of the world as a stage, of people as actors assuming and discarding different roles, has become a commonplace, if not in fact, trite. More recently, sociologists have explored the significance and meaning of the analogy itself as a way of analyzing the social structure.[2] When the play metaphor was used in drama, as it was frequently in the sixteenth and seventeenth centuries (by Shakespeare, Calderón, and Molière, to name only the greatest), it referred not only to the stage as then known but also to the centuries-old idea of the stage as the paradigm of human life where arbitrary and artificial boundaries are placed on acceptable behavior. Just as the stage creates an illusion, so social life is unreal. Hence roles or masks are an inherent part of the social structure. When one dons a mask one juxtaposes the real with the assumed. One's public and private posturing can be so radically different as to clash. The sincere or true can stand in diametric opposition to the mask of social status or convention.

Basic to the concept of the "honnête homme" as it was elaborated in seventeenth-century France was the proper and adroit positioning of the mask. More than any of his contemporaries, perhaps, La Rochefoucauld was aware of the "souveraine habileté" this required. For La Rochefoucauld, man's greatness consists in his efforts to achieve lucidity, his ever-vigilant control of himself, and his simultaneous assessment of his surroundings so that he can maintain a balance, an equilibrium in his environment. If one is to live harmoniously in society, one needs to accept the reality of appearance, of the *paraître,* and to make constantly necessary adjustments in one's own mask in order to preserve the ideal of proportion.

The question of lucidity, of that wearing of the mask with awareness, or the lack thereof of reasonableness, is a central focus of *comédie moliéresque.* For Molière the mask, or what is assumed in a given social setting, becomes a symbol of much more than a vice or passion which adheres to a person, as in the *commedia dell'arte.* For Molière it becomes a symbol of that person's cleverness in assuming a posture which runs counter to one's real self. Appearance partakes of deceit. W. G. Moore summarizes, and then asks the significant question: "The struggle to keep the mask in place, to achieve one's end, becomes a struggle between art and nature, craft and habit, intelligence and character. If such be Molière's principle of comedy, is it not nearer poetry than realism?"[3]

What makes Alceste of *Le Misanthrope* different from the Sganarelles and their types borrowed from the farce is the degree of lucidity. Alceste is not naïve. He knows that it is not practical to live on the fringes of society, even a society given to the folly of deception, "commercialized" relationships, and general shallowness. Yet he would rather stand apart than adjust to his setting, and consequently he becomes ridiculous. His virtuous qualities, carried to en extreme, tend to isolate, and society ridicules what it isolates. Alceste becomes laughable, but the laughter is of a different nature from that elicited in Molière's earlier comedies. Whereas the latter most often provoked the "gros rire" of the farce (that laughter which is elicited when the inert is placed upon the living, the rigid upon the pliable, the fixed upon the moving), a misanthropist-in-love provokes the "rire dans l'âme" of a complex comedy which pivots on *ridicule.*

Masks, whether conscious or unconscious, testify to what is a basic duality in human nature. Whether somewhat lucidly worn as in scheme, pretense, or plot, but still subject to inhuman ridigity or the unexpected interruption, or blindly fixed by the dominance of a monomania or the preponderance of the imagination over the totality of the personality, in both cases there is to be seen a contrast within the autonomous personality. This contrast betrays the presence of comic potential. Depending on the lack of proportion to "actor," "audience," and "setting," the mask can run the gamut from being one of reasonable appearance to one of unreasonable dissimulation, spectacle, and ostentation.

The "portrait" as practiced in classical art has been defined by Henri Jones as "une pénétration psychologique à partir d'une création esthétique."[4] A character and a mentality were evoked in prose. Such a psychological penetration did not preclude some, if not perhaps much, visual resemblance. Fidelity to physical traits, itself as part of the aesthetic "rules" of *vraisemblance,* was necessary so that identification could be made. Classical art had for an aim to know man in general by means of close observation of man in particular. So with the prose portrait which, with an expressive vitality, could portray someone immediately recognizable and at the same time establish a rapport between these appearances and other mentalities to which they corresponded. The personality which the artist depicts belongs at once to the domain of the particular and the universal as with this comic portrait from Molière's *Tartuffe* (Act I, Scene v):

–Orgon: Ha! si vous aviez vu comme j'en fis rencontre,
Vous auriez pris pour lui l'amitié que je montre,
Chaque jour à l'église il venoit, d'un air doux,
Tout vis-à-vis de moi se mettre à deux genoux.
Il attiroit les yeux de l'assemblée entière
Par l'ardeur dont au ciel il poussoit sa prière;
Il faisoit des soupirs, de grands élancements,
Et baisoit humblement la terre à tous moments;
Et, lorsque je sortois, il me devançoit vite
Pour m'aller, à la porte, offrir de l'eau bénite....
Je lui faisois des dons mais avec modestie,
Il me vouloit toujours en rendre une partie.
"C'est trop, me disoit-il, c'est trop de la moitié;
Je ne mérite pas de vous faire pitié."
Et quand je refusois de le vouloir reprendre,
Aux pauvres, à mes yeux, il alloit le répandre....

Though here there are certainly no physical details of Tartuffe drawn in bold lines, one is prepared to recognize him by means of the psychological penetration of his character. What is more, an immediate association can be made between the "Tartuffes" one has already and will probably encounter.[5]

This genre of the literary portrait reached its apogee in France between the years 1657 and 1660, the novel of the first third of the century having contributed greatly to its development. From the years 1630 to 1660, the role of the literary portrait expanded from those which appeared in *L'Astrée* (1607-27), *Le Grand Cyrus* (1649-53), *Clélie* (1654-60), to Bussy-Rabutin's *L'Histoire amoureuse des Gaules* (1665). Assuredly, the *chef-d'œuvre* of this genre is *Le Recueil des portraits* (1659).

What is important to keep in mind is that the *portrait* was essentially "un genre de société," having been born in a salon milieu which developed the art assiduously and enthusiastically. In this way its growth was in the nature of a performance. Mlle de Montpensier and her court devoted much of their efforts to what became a favorite pastime. So popular a parlor game did it become that within a span of about fifteen months literary portraits flourished. At the end of 1704, the *Mercure Galant* published an article which looked in retrospect on Paris in 1658-59 as flooded with portraits:

> Les amis firent ceux de leurs amis, les savants ceux des savants, les amants ceux de leurs maîtresses, et plusieurs firent ceux des souverains et de quantité de personnes distinguées. Ceux même qui avoient des défauts naturels et connus travaillèrent à leurs portraits pour ne les pas laisser faire à d'autres, et plusieurs d'entre eux firent des chefs-d'œuvre qui firent admirer leur esprit, en avouant et excusant leurs défauts d'une manière toute agréable et toute spirituelle.[6]

In 1654, Mme de Sévigné, at that time an attractive young widow of twenty-eight, came for the first time to the Hôtel de Rambouillet. Here she could sharpen her skill in portraiture, for though she was not yet well known, she had already acquired the reputation of a woman of wit. She animated the last period of this salon in the company of some of the noted *esprits* of the epoch and was pursued by personages as different as her cousin, Bussy-Rabutin, her former Latin teacher, Ménage, and the young Foucquet. So, too, she was to animate the salons, *ruelles*, or *alcôves* of Mlle de Scudéry, Mlle de Montpensier, and Mme de la Sablière; and she was always a very welcome guest at Mme de Lavardin's dinner parties. Salons differed according to the taste of those who frequented them, but the style preferred in Mme de Rambouillet's was that kind of irony for which Voiture was known. Another salon which influenced Mme de Sévigné, indirectly, was that of a rich bourgeois, Mme Cornuel. Her *bons mots* the Marquise quoted in her letters to her daughter: "'Ses bons mots sont des apophtegmes, disait aussi Saint-Simon, sa *raillerie* était toujours fondée sur le bon sens et la raison, mais n'épargnait personne.'"[7]

We know, then, something of the tone which was to pervade the salons, but what of the style of the portraits themselves? According to Segrais, the portrait was a "pièce galante," and in spite of protestations of sincerity and veracity on the part of the authors, it was often very flattering and frequently highly eulogistic.[8] Hyperbole and the exaggerated use of superlatives are some of the most striking hallmarks of this genre, as can be easily seen in the following:

> Ma taille est belle, je suis blonde.
> On trouve en moi conjointement
> De l'esprit et du jugement.
> Je suis la meilleure du monde,
> Je n'ai que de beaux sentiments;
> J'ai des amis, j'ai des amants,
> Je plais sans même vouloir plaire,
> Et ma bouche, mon teint, mes yeux,
> Mon air et mon port en tous lieux
> Me font des partisans, et chacun me révère.[9]

The desire to be gallant transformed one's acquaintances into historical and mythological giants. " 'Tous les hommes, ironise quelqu'un, y sont des Catons ou des Césars, pour le moins; et les Femmes des Lucrèces, ou des Octavies.' "[10] Also prevalent in the spirit of gallantry were pastoral analogies, and the names of Iris, Philis, Sylvie, to name but a few, proliferated. The physical and moral traits of the portraits' subjects were blended in such a way that at the conclusion the reader or listener was convinced that he had just seen or heard only an imperfect image of "la personne la plus accomplie" or "la plus aimable de la Terre." This technique is most apparent in the poets called *galants*.

These portraits were, however, not the most characteristic of the *Recueil* of 1659. A perhaps less brilliant but more methodical technique was employed where exact notions were made, point by point, element by element. "Le portrait diplomatique semble avoir inspiré cette technique soigneuse et fouillée; le portrait comprend une description physique analytique (visage, yeux, joues, nez, bouche, menton, bras, gorge, etc...). L'étude de l'humeur ou l'air forme souvent la transition au portrait moral."[11]

The obvious excesses of this genre gave birth to many witty offspring. Molière ridicules this vogue in his *Précieuses ridicules,* and in Scene ix the valet, Mascarille, takes feigned pride in having fashioned portraits himself:

–Magdelon: Je vous avoue que je suis furieusement pour les portraits; je ne vois rien de si galant que cela.

–Mascarille: Les portraits sont difficiles et demandent un esprit profond: vous en verrez de ma manière qui ne vous déplairont pas.

Later Molière was to parody this literary genre in the self-portrait of the vain marquis, Acaste (*Le Misanthrope*, Act III, Scene i, vv. 783-800). An amusing aspect of this parody lies, too, in the order in which Acaste chooses to list his enviable *attraits*!

Bussy-Rabutin displayed his wit by means of writing in the genre, though not necessarily in the form, of the portrait, the essential qualities of his portraits being: "honnêteté, vigueur, netteté, finesse, et dans la virilité du style quelque chose de libre et de décisif...."[12] Some of his portraits were epigrammatic as well as sharply satirical in style:

> Beaujeu était un homme de grand bruit et de peu d'effet, tirant avantage de la faiblesse ou de la modestie de ceux avec qui il avait affaire; mais qui se radoucissait fort quand il trouvait de la vigueur et qu'on le prenait sur un ton aussi haut que lui; d'ailleurs il ne manquait pas d'esprit, mais c'était un esprit forcé qui voulait toujours être plaisant, et qui cependant n'était capable que de faire rire le peuple et que d'ennuyer les honnêtes gens.[13]

Bussy apparently looks for contradiction and for the ridiculous and underscores these features by means of antithesis and the omnipresent *mais*. An affirmation is followed by a *mais*; a virtue by a vice. His style is concise and has the brevity and precision of a well-placed slap.

Bussy well knew how to write a systematic portrait, according to the accepted generic form: "description physique, évaluation du savoir, présentation de l'intelligence, examen des qualités morales et des sentiments: peinture de l'âme,"[14] but where for some artists covering all these aspects could lead to a lengthy prose portrait, Bussy's practice of what has been termed by classical critics as "explosive constraint" was an inherent part of *Rabutinage*. Judged by the scandalous veracity of his description of Mme d'Olonne:

> Elle avait le visage rond, le nez bien fait, la bouche petite, les yeux brillants et fins, et les traits délicats; le rire qui embellit tout le monde faisait en elle un effet tout contraire; elle avait les cheveux d'un chatain clair, le teint admirable, la gorge, les mains et les bras bien faits; elle avait la taille grossière, et sans son visage on ne lui aurait pas pardonné son air. Cela fit dire à ses flatteurs, quand elle commença à paraître, qu'elle avait assurément le corps bien fait, qui est ce que disent ordinairement ceux qui veulent excuser les femmes qui ont trop d'embonpoint. Cependant celle-ci fut trop sincère en ce rencontre pour laisser les gens dans l'erreur, éclaircit du contraire qui voulut, et il ne tint pas à elle qu'elle ne désabusât tout le monde— Madame d'Olonne avait l'esprit vif et plaisant quand elle était libre; elle était peu sincère, inégale, étourdie, peu méchante; elle aimait les plaisirs jusqu'à la débauche et il y avait de l'emportement dans ses moindres divertissements.[15]

Using simple vocabulary, direct adjectives, Bussy places the person in situation and selects only those traits most pertinent to his purpose. Bussy, like the poet Voiture previously mentioned, was at home in the ironic mode.

The duplicity characteristic of irony is ever-present even in textual structure where concision and understatement are placed in opposition to freedom and hyperbole, where tact and bluntness stand in a "face-off," where periphrasis and malicious directness are "bedfellows."[16] Whereas previous portraits had an aura of unreality in their static immobility, Bussy's all-too-real depictions contained the vitality and dynamism of the ironic.

Approbation of Bussy's style came from his cousin as Mme de Sévigné matched wits with him during the years of their correspondence. His influence is apparent, especially in the early years of her *apprentissage,* although disapproval was to come from her corner, too, when his sardonic portrait of her in his *Histoire amoureuse* was published and became the cause of one of their most bitter and long-standing feuds.[17]

Perhaps Bussy-Rabutin and Mme de Sévigné both owe their at-homeness in the ironic mode to that sense of superiority proper to the ironist. Both took pride in their lineage, and both, as will be seen in particular with reference to the Marquise, saw themselves as in some ways superior to their contemporaries. Alluding to Bussy's *Histoire généalogique de la maison de Rabutin,* Mme de Sévigné writes to her daughter:

> J'avoue ma faiblesse; j'ai lu avec plaisir l'histoire de notre vieille chevalerie. Si Bussy avait un peu moins parlé de lui et de son héroïne de fille, le reste étant vrai, on peut le trouver assez bon pour être jeté dans un fond de cabinet, sans en être plus glorieuse. Il vous traite fort bien; il me veut trop dédommager par des louanges que je ne crois pas mériter, non plus que ses blâmes. Il passe gaillardement sur mon fils, et le laisse inhumainement guidon dans la postérité; il pouvait dire plus de bien de sa femme, qui est d'un des bons noms de la province, mais, en vérité, mon fils l'a si peu ménagé, et l'a toujours traité si incivilement, que lui ayant rendu justice sur sa maison, il pouvait bien se dispenser du reste. Vous en avez mieux usé, et il vous le rend. (22.7.85)

Though the Marquise did appreciate her cousin's genealogy, and though she did write a congratulatory letter to him in a much different vein the same day, she could not seem to resist the temptation to ironize in her turn. That the book was "assez bon pour être jeté dans un fond de cabinet" is reminiscent of Alceste's judgement on Oronte's sonnet in *Le Misanthrope* (I,ii). Evidence is present that she had not really recovered from the *blâmes* of the *Histoire amoureuse.*

Mme de Sévigné was well aware of the deceiving character of appearances, as she indicates by the recurring use of her often-quoted expression "les dessous des cartes." With respect to herself and her relationship to her daughter, she strove for the kind of transparency in portraits of herself that would obviate any use of mask:

> Vous me dites des choses si extrêmement bonnes sur votre amitié pour moi, et à quel rang vous la mettez, qu'en vérité, ma bonne, je n'ose entreprendre de vous

dire combien j'en suis touchée, et de joie, et de tendresse, et de reconnaissance. Puisque vous croyez savoir combien je vous aime, vous les comprendrez aisément. Le dessous de vos cartes est agréable pour moi. M. de Pomponne disait, en demeurant d'accord que rien n'est général: "Il paraît que Mme de Sévigné aime passionnément Mme de Grignan. Savez-vous le dessous des cartes? Voulez-vous que je vous le dise? C'est qu'elle l'aime passionnément." Il pourrait y ajouter, à mon éternelle gloire, "et qu'elle en est aimée." (24.7.75)

Here was one area of her life where there was to be no mask worn, no matter how lucidly. "Je crois que vous m'aimez, c'est assurément le dessous de vos cartes, aussi bien que des miennes" (7.8.75). That she and others did dissimulate, however, she was under no illusion:

Une de nos folies a été de souhaiter de découvrir tous les dessous de cartes de toutes les choses que nous croyons voir et que nous ne voyons point, tout ce qui se passe dans les familles, où nous trouverions de la haine, de la jalousie, de la rage, du mépris, au lieu de toutes les belles choses qu'on met au-dessus du panier et qui passent pour des vérités. Je souhaitai un cabinet tout tapissé de dessous de cartes au lieu de tableaux; cette folie nous mena bien loin, et nous divertit fort. (24.7.75)

The diversion of this discovery of the real under the assumed was one very plausible motive for a wit to have taken this stance with respect to those around her.

Another motive she offers in a letter of much later date:

"Ah! masques, je vous connais!", en voyant entrer de certaines gens annoncés sous de grands noms; comment cette pensée, si naturelle et qui paraît si simple, ne m'est-elle point venue mille fois, à moi qui hais mortellement les grands noms sur de petits sujets? J'admire l'humilité de ceux qui veulent bien les porter; ils les refuseraient, s'ils avaient l'esprit de faire réflexion à ce que leur coûte l'explication de ces beaux noms, et comme elle tombe tout en outrage sur leurs pauvres petits noms, à quoi l'on ne penserait pas s'ils n'avaient point voulu prendre les plumes du paon, qui leur conviennent si peu. J'espère que ce mot empêchera dans l'avenir ces sortes d'usurpations et les pourra corriger, comme Molière a corrigé tant de ridicules. Dieu le veuille, et que chacun craigne qu'on ne lui puisse dire: "Masque, je vous connais." (19.6.95)

Wearing a mask well in balance was one thing, but wearing one that was totally disproportionate to truth was another, and deserving of ridicule, a ridicule which was, she hoped, corrective. As an observer in the presence of an ironic situation, she evidences superiority and amusement, traits typical of the ironist.

A reading of the *Correspondance* of the Marquise is similar to an excursion through an art gallery in which are displayed Le Nains, Callots, Sylvestres, beside Rigauds, Mignards, and Le Bruns. The styles of other portraits and kinds of masks portrayed sometimes seem to a twentieth-century viewer to go beyond those of her time and to suggest something of the recast vision of early modernism.

Of the family members, Mme de Grignan is painted in the most impressionistic manner. It is as if her mother, wishing to maintain an intuitively transparent connection with her daughter, looked at her more from the interior, through imagination and memory. The remembrances of events shared with her beloved "Madelonne" are recalled, for example, earlier court balls. Or the writer's imagination projects before her mind's eye a long-suffering queen ensconced among her many admirers and oftentimes vexacious visitors at Grignan and elsewhere in Provence.

> Le bon Abbé était l'autre jour tout couvert de bouquets, le jour de sa fête. Nous nous souvînmes des jolis vers que vous fîtes l'année passée en pareil jour; qu'ils étaient jolis! Il vous fait ses compliments. Il espère de vous voir encore à la merci des voleurs et des loups et de tout ce que Marion espérait dans sa jolie abbaye. (28.7.80)

Here she is made the imaginary heroine of a pastoral, while at other times she is, through memory and imagination, a gypsy dancer or a mythological beauty. With a lightly chiding stroke, Mme de Sévigné will paint her more philosophically inclined daughter with Cartesian hues: "Vous nous direz comme vous vous y trouvez et comme cette pauvre substance qui pense, et qui pense si vivement, aura pu conserver sa machine si belle et si délicate dans un bon état pendant qu'elle était si agitée; vous en faites une différence que votre 'père' n'a point faite" (25.10.88).

With the Count of Grignan, Françoise-Marguerite's husband, Mme de Sévigné took a consistent tone of badinage. One of her earliest descriptions of him is playfully hyperbolic as she writes to Bussy:

> C'est qu'enfin la plus jolie fille de France épouse, non pas le plus joli garçon, mais un des plus honnêtes hommes du royaume; c'est M. de Grignan, que vous connaissez il y a longtemps. Toutes ses femmes sont mortes pour faire place à votre cousine, et même son père et son fils, par une bonté extraordinaire, de sorte qu'étant plus riche qu'il n'a jamais été, et se trouvant d'ailleurs, et par sa naissance, et par ses établissements, et par ses bonnes qualités, tel que nous le pouvons souhaiter, nous ne le marchandons point comme on a accoutumé de faire; nous nous en fions bien aux deux familles qui ont passé devant nous. (4.12.68)

A sustained metaphor throughout the correspondence plays with Grignan's nickname "matou" so that the distortions of the portrait mode itself already take place in the family gallery: "M. de Grignan est bien heureux d'aimer sa famille; sans cela, il aurait les pattes encore plus croisées, n'ayant point de chasse" (20.10.79).

A striking feature of the family portraits is the prominence of *le nez*. "La dame au nez carré" took delight in delineating this trait in her progeny, and a literary stroll among the grandchildren's portraits suffices to underscore the fun the Marquise had in playing with this part of their anatomy. Of Marie-Blanche she tells her daughter: "Votre fille est plaisante. Elle n'a pas osé aspirer à la perfection du nez de sa mère. Elle n'a pas voulu aussi... Je n'en dirai pas davantage. Elle a pris un troisième parti, et s'avise d'avoir un petit nez carré; ma bonne, n'en êtes-vous point fachée?" (21.6.71).

While still with the portraits of granddaughter Marie-Blanche, it is interesting to observe another characteristic of Mme de Sévigné's descriptions—the recurrent use of the rhetorical device of anaphora. Frequently portraits are "framed" or foregrounded as is the following, in the word *enfin*:

Enfin il se trouve que Mlle d'Adhémar est la consolation de ma vieillesse. Je voudrais aussi que vous vissiez comme elle m'aime, comme elle m'appelle, comme elle m'embrasse. Elle n'est point belle, mais elle est aimable. Elle a un son de voix charmant; elle est blanche, elle est nette. Enfin, je l'aime. (20.1.72)

Louis-Provence, her grandson, has his nose, as his sister's had been, subjected to the verbal sport of his witty grandmother:

Je veux parler de mon petit garçon. Ah! ma bonne, qu'il est joli! Ses grands yeux sont bien une marque de votre honnêteté, mais c'est assez. Je vous prie que le nez ne demeure point longtemps "entre la crainte et l'espérance"; que cela est plaisamment dit! Cette incertitude est étrange; jamais un petit nez n'eut tant à craindre ni à espérer; il y a bien des nez entre les deux, qu'il peut choisir. Puisqu'il a de grands yeux, qu'il songe à vous contenter. Vous n'auriez que la bouche, puisqu'elle est petite; ce ne serait pas assez. (13.12.71)[18]

And so with the nose of Pauline, the youngest granddaughter:

Pauline me paraît digne d'être votre jouet. Sa ressemblance même ne vous déplaira point, du moins je l'espère. Ce petit nez "carré" est une belle pièce à retrouver chez vous. Je trouve plaisant que les nez de Grignan n'aient voulu permettre que celui-là, et n'aient pas voulu entendre parler du vôtre. C'eût été bien plus tôt fait, mais ils ont eu peur des extrémités, et n'ont pas craint cette modification. (30.6.77)

To most of the Grignan branch of the family she gave nicknames which served as caricatures of their personalities. One of the most prominent members is "Seigneur Corbeau," Jean-Baptiste de Grignan, called the Coadjutor. He is one of Mme de Grignan's brothers-in-law and is teased, not surprisingly, by Mme de Sévigné for his laziness in corresponding:

Pour le Coadjuteur, je vous dirai qu'il a été un peu malade, mais il est entièrement guéri. Sa paresse est une chose incroyable, et il est d'autant plus criminel qu'il écrit très bien quand il s'en veut mêler. Il vous aime toujours, et vous ira voir après la mi-août; il ne le peut qu'en ce temps-là. Il jure qu'il n'a aucune branche où se reposer; mais je crois qu'il ment, et que cela l'empêche d'écrire et lui fait mal aux yeux. Voilà tout ce que je sais du "Seigneur Corbeau." (12.7.71)

Could it be that the black of clerical garb is responsible for stimulating such imagery!

The Coulanges side of the family gallery has an occasional *commedia* portrait in the lovingly chiding portrayal of the Abbé de Coulanges as Molière's miser: "Pour notre Abbé, vous le connaissez, il ne lui faut que 'les beaux yeux de sa cassette'" (6.10.73). *Moliéresque* and Cartesian hues are mingled to produce the following portrait of the "Bien Bon":

Je me porte très bien, ma bonne. Je me trouve fort bien d'être une substance qui pense et qui lit. Sans cela, notre bon Abbé m'amuserait peu; vous savez qu'il est fort occupé des "beaux yeux de sa cassette." Mais pendant qu'il la regarde et la visite de tous côtés, le cardinal Commendon me tient une très bonne compagnie. (11.9.75)

Mme de Sévigné's son, Charles, has the series of portraits which most resemble those of a *romanesque* hero. His life as told in his mother's letters is referred to as the "tome du 'frater'" (23.10.76), and his illness, which results from dubious amorous conquests, renders him comparable to a wounded hero:

Il descend tous les matins de sa chambre, et se met au coin de ce feu, avec sa robe de chambre et un bonnet fourré et la barbe d'un capucin, avec de grands yeux et des traits si réguliers que son abattement, avec une petite senteur d'onguent, ferait souvenir de nos héros blessés, si nous ne savions le dessous des cartes. (16.10.80)

Even a dog, Fidèle, becomes the subject of a mock-heroic portrait, as this pert canine could be the source of the jealous reproaches of Mme de Sévigné's other dog, Marphise:

[J]e vois entrer un valet de chambre avec une petite maison de chien toute pleine de rubans, et sortir de cette jolie maison un petit chien tout parfumé, d'une beauté extraordinaire, des oreilles, des soies, une haleine douce, petit comme Sylphide, blondin comme un blondin; jamais je ne fus plus étonnée et plus embarrassée. Je voulais le renvoyer, on ne voulut jamais le reporter. . . . Il ne mange que du pain. Je ne m'y attache point, mais il commence à m'aimer; je crains de succomber. Voilà l'histoire, que je vous prie de ne point mander à "Marphise" à Paris, car je crains les reproches. Au reste, une propreté extraordinaire; il s'appelle "Fidèle"; c'est un nom que les amants de la princesse n'ont jamais mérité de porter. Il [a] été pourtant d'un assez bel air. (13.11.75)

One member of the Coulanges family who had a profound effect on the

life and spirit of Mme de Sévigné was her cousin Philippe-Emmanuel de
Coulanges, known as the "petit Coulanges" and also as the "chansonnier."
Born on the day of the burial of Marie de Coulanges, mother of the future
Marquise de Sévigné, Philippe-Emmanuel was to be a close companion to his
cousin, who was only by seven years his senior. With quick and decided strokes
she describes him: "Le petit Coulanges a le livre de ses chansons; vraiment,
c'est la plus plaisante chose du monde. Il est gai, il mange, il boit, il chante"
(6.3.80). As short as this prose portrait is, so was he, to judge by a Carnavalet
portrait of him. Almost gnomelike in stature, this little man had a big wit
which was reflected in his *chansons* and correspondence. Several years later
while he was visiting at Grignan, Mme de Sévigné was to write to her daughter:

> Coulanges a fort bien fait aussi son personnage [of an entertainer]; il n'est point
> encore baissé. Je crains pour lui ce changement, car le gaieté fait une grande partie
> de son mérite. . . . Vous m'avez nommée plusieurs fois; vous avez bu ma santé.
> Coulanges a grimpé sur sa chaise. Je trouve le tour bien périlleux pour un petit
> homme rond comme une boule et maladroit; je suis bien aise qu'il n'ait point fait
> la culbute pour solenniser ma santé. J'ai bien envie de recevoir une de ses lettres.
> (18.9.89)

As in an art gallery, the reader can find in the *Correspondance* of Mme de
Sévigné group portraits. All too well known among them, perhaps, are those
of the people of Brittany with whom she had contact whenever she stayed
at her country manor, Les Rochers. "J'aime nos Bretons; ils sentent un peu
le vin, mais votre fleur d'orange ne cache pas de si bons cœurs" (13.9.71).
Alluded to in this description of the Bretons, the Provençaux came in for their
share of sardonic portraiture:

> M. d'Harouys m'écrit ceci: "Mandez à Mme de *Carignan* que je l'adore; elle est
> à ses petits Etats, mais ce ne sont pas gens comme nous, qui donnons des cent
> mille écus. Mais au moins qu'ils lui donnent autant qu'à M. de Chaulnes pour sa
> bienvenue." Il aura beau souhaiter, et moi aussi: vos esprits sont secs, et leur
> cœur s'en ressent; le soleil boit toute leur humidité, qui fait la bonté et la tendresse.
> (28.10.71)

The Bretons are usually depicted as those who drink and eat to excess,
while the Provençaux are verbally reduced to a still life study of indolence
personified, or much like dried prunes: "Vous avez donc baisé toute la Provence; il n'y aurait pas de satisfaction à baiser toute la Bretagne, à moins que
l'on n'aimât à sentir le vin" (30.10.75). And again:

> Je vous plains bien d'avoir des femmes; vous savez comme je les hais. Vos statues
> d'hommes sur des piédestaux sont bien ennuyeuses. Vous me ferez aimer l'amuse-
> ment de nos Bretons, plutôt que l'indolence parfumée de vos Provençaux. Mais

où sont donc ces esprits si vifs, si brillants, ces têtes si près du bonnet, ces imaginations échauffées par un si bon soleil? Au moins vous devriez avoir des fous et, dans la quantité, vous en trouveriez quelqu'un qui vous pourrait divertir. Je ne comprends point bien votre Provence ni vos Provençaux. Ah! que je comprends bien mieux mes Bretons! (30.8.71)

Mme de Sévigné shared Molière's sentiments for doctors as a group, though she had many an occasion for consulting one, either about her own health or that of her children and grandchildren. When Mme de Sévigné ironizes on doctors, "elle le fait *après* et le plus souvent *d'après* Molière."[19] She admits to her seeming inconsistency when she states:

Pour Vichy, je ne doute nullement que je m'y retourne cet été. Vesou dit qu'il voudrait que ce fût tout à l'heure, Delorme dit que je m'en garde bien dans cette saison, Bourdelot dit que j'y mourrais, et que j'ai donc oublié que je ne suis que feu et que mon rhumatisme n'était venu que de chaleur. J'aime à les consulter pour me moquer d'eux; peut-on rien voir de plus plaisant que cette diversité? Ils m'ôtent mon libre arbitre à force de me laisser dans l'indifférence. (26.8.76)

With the listing of the various doctors' names, one can almost see the arrogantly posed specialists and in their midst the "patient" who, with a mocking smile, looks beyond their pretentious protestations of certitude to the reality of hypothesis, if not downright ignorance. The Marquise writes of the death of a friend: "Il a été rudement saigné. Il résista à la dernière, qui fut la onzième, mais les médecins l'emportèrent; il leur dit qu'il s'abandonnait donc et qu'ils le voulaient tuer par les formes" (10.2.72).

Another well-known "group portrait" is that of those involved in the fire at the home of the Guitauts, neighbors of Mme de Sévigné. What could have been a tragic scene is depicted as a comic arrangement which highlights the incongruity of the seriousness of the event with the amusing spectacle which the bystanders afforded:

Mais si on avait pu rire dans une si triste occasion, quels portraits n'aurait-on point faits de l'état où nous étions tous? Guitaut était nu en chemise, avec des chausses. Mme de Guitaut était nu-jambes, et avait perdu une de ses mules de chambre. Mme de Vauvineux était en petite jupe, sans robe de chambre. Tous les valets, tous les voisins, en bonnets de nuit. L'Ambassadeur était en robe de chambre et en perruque, et conserva fort bien la gravité de la Sérénissime. Mais son secrétaire était admirable. Vous parlez de la poitrine d'Hercule! vraiment celle-ci était bien autre chose. On la voyait tout entière; elle est blanche, grasse, potelée, et surtout sans aucune chemise, car le cordon qui la devait attacher avait été perdu à la bataille. Voilà les tristes nouvelles de notre quartier. (20.2.71)

No seventeenth-century French portrait artist would have dared to put on canvas such an unmannered, unstylized grouping!

Some portraits are of those individuals who are caricatured into types. In Mme de Sévigné's gallery there is the distracted Brancas: "Brancas versa, il y a trois ou quatre jours, dans un fossé. Il s'y établit si bien, qu'il demandait à ceux qui allèrent le secourir ce qu'ils désiraient de son service. Toutes ses glaces étaient cassées, et sa tête l'aurait été s'il n'était plus heureux que sage. Tout cette aventure n'a fait aucune distraction à sa rêverie" (10.4.71).[20]

Then there is the amiable rogue Pomenars:

Pomenars est toujours accablé de procès criminels, où il ne va jamais moins que de sa vie. Il sollicitait l'autre jour à Rennes avec une grande barbe. Quelqu'un lui demanda pourquoi il ne se faisait point raser: "Moi, dit-il, je serais bien fou de prendre de la peine après ma tête, sans savoir à qui elle doit être. Le Roi me la dispute. Quand on saura à qui elle doit demeurer, si c'est à moi, j'en aurai du soin." Voilà de quelle manière il sollicite ses juges. (7.6.71)[21]

D'Hacqueville is the man who so epitomizes the dutiful friend that to do justice to him one must speak of him in the plural, so much does he do to be of service to others: "Songez qu'il écrit de cette furie à tout ce qui est hors de Paris, et voit tous les jours tout ce qui y reste; ce sont *les d'Hacquevilles.* Adressez-vous à eux, ma bonne, en toute confiance; leurs bons cœurs suffisent à tout" (16.10.75). Here Françoise-Marguerite is advised to write to "them" in all confidence to request any favorable type of assistance.

To depict another type of personality, that of the innocent young girl who listens to nature and to others and learns quickly, Mme de Sévigné borrows the name "Agnès" from Molière's *Ecole des femmes.* The Marquise delights in the freshness of her naïveté (1.1.76), and laughs at her gaucherie (12.1.76). Later she meets another individual who fits the type and describes her thus:

Nous allons demain à La Seilleraye. . . . J'y mène une jolie fille qui me plaît. C'est une "Agnès," au moins à ce que je pensais, et j'ai trouvé tout d'un coup qu'elle a bien de l'esprit et une envie si immodérée d'apprendre ce qui peut servir à être une honnête personne, éclairée et moins sotte qu'on ne l'est en province, qu'elle m'en a touché le cœur. Sa mère est une dévote ridicule. Cette fille a fait de son confesseur tout l'usage qu'on en peut faire; c'est un jésuite qui a bien de l'esprit. Elle l'a prié d'avoir pitié d'elle, de sorte qu'il lui apprend un peu de tout, et son esprit est tellement débrouillé qu'elle n'est ignorante sur rien. Tout cela est caché sous un beau visage fort régulier, sous une modestie extrême, sous une timidité aimable, sous une jeunesse de dix-sept ans. (21.5.80)[22]

Some portraits, whether done with words or oils, arrest the imagination in that their essence is to be clear and to build a bridge between the mind of the writer/painter and that of the reader/observer. In this type of portraiture little doubt is left as to what type of person has been portrayed. But there are other portraits which are as ambiguous as the living models and so appeal to the imagination. These portraits may be compared to poetry, as their completion is left to the mind of the perceiver. It has already been stated that Molière's principle of comedy is nearer to poetry than realism. So, too, as Mme de Sévigné remolded the portrait style of her era, she appeals to the imaginations of generations of visitors to her "gallery."

The two more "complete" descriptions of the Duchess of Sault combine just enough of the concrete and the abstract as to intrigue the reader: "J'ai vu ici la duchesse de Sault. Elle est grande et d'une taille parfaite; elle est d'une gaillardise qui fait voir qu'elle a passé sa jeunesse dans l'ennui avec sa mère. Ce sont des jeux de mains et d'une gaieté incroyable" (8.4.76). A few more strokes are added to the irony of the portrait:

> Vous me demandiez l'autre jour s'il était vrai que la duchesse de Sault fût un page. Non, ce n'est point un page, mais il est vrai qu'elle est si aise de n'être plus à Machecoul à mourir d'ennui avec sa mère, et qu'elle se trouve si bien d'être la duchesse de Sault, qu'elle a peine à contenir sa joie. Et c'est précisément ce que disent les Italiens, *non può capire*. Elle est *fort aise d'être contente*, et cela répand une joie un peu excessive sur toutes ses actions, et qui n'est plus à la mode de la cour, où chacun a ses tribulations et où l'on ne rit plus depuis plusieurs années. (18.6.76)

It is interesting to compare this portrait with another one of some length, this time of a young man. Again, there is the concrete (*taille, visage*) in combination with abstract adjectives such as *parfaite* and *romanesque*. In both cases Mme de Sévigné concentrates her description on aspects of personality as essential features, with this concentration preparing an ironic twist. Where the Duchess evidenced gaiety to excess, a gaiety ultimately shown to be out of harmony with her "setting," this young man, she notes, may find it difficult to build a marriage on his extraordinary talent for dancing, which is repeatedly praised:

> Nous fîmes danser l'autre jour le fils de ce sénéchal de Rennes qui était si fou, qui a eu tant d'aventures. Le fils est fait à peindre: il a vingt ans. Il a épousé à la hâte la fille d'un président à mortier de ce pays, parce que la première chose qu'elle fit, après l'avoir envisagé, ce fut d'être grosse, de sorte qu'elle fut mariée et accoucha six semaines après. Elle est ici et croit que pourvu que l'on voie son mari on ne peut la blâmer. Il est vrai qu'en le voyant danser, il faut être de l'avis de sa femme. Imaginez-vous un homme d'une taille toute parfaite, d'un visage romanesque, qui danse d'un air fort noble. . . . Il dansa ces belles chaconnes, les folies d'Espagne, mais surtout les passe-pieds avec sa femme, d'une perfection, d'un agrément qui ne se peut représenter. . . . Que ne dîmes-nous point pour justifier cette fille, et sur la perfection de ce ménage du côté de la danse? (24.7.89)

With that "explosive constraint" proper to true poets, Mme de Sévigné can provide the essential strokes of a portrait, thereby offering memorable studies quite different, however, from the typically lengthy prose portraits of salon tradition. Some are epigrammatic in their terseness: "Vineuil est bien vieilli, bien toussant, bien crachant, et dévot, mais toujours de l'esprit" (17.9.75). Of Mme de Bury she succinctly states: "C'est un moulin à paroles, comme vous savez; elle parle *Bury* (c'est une langue!) . . ." (17.1.80). And to cite but two more examples: "A propos, savez-vous que cette grande Mlle de Coudray, qui ressemble à une aiguille à tapisserie, est mariée . . ." (25.10.79); "J'y trouvai . . . la Bartillat, qui y loge, et qui est comme une potée de souris" (7.8.75).

Then, too, in those portraits suggestive of the willful distortions of early modernist painting, there is a kind of malicious wit as Mme de Sévigné distorts, sometimes as a technique of displacement of forbidden meanings, at other times as a condensation of the whole person within a metaphorical construct. So she writes of M. de Saint-Ruth: "Quel homme, bon Dieu! et que le désagrément de la physionomie donne de grandes idées des qualités que l'on ne connaît pas" (1.5.71).[23] Perhaps with the double intent to discourage her daughter from another pregnancy, she emphasized the physical distortion ensuing upon this state: "Mme de Soubise est grosse de quatre enfants, à voir son ventre" (23.12.71). And years later she adds to this portrait: "Mme de Soubise a paru avec son mari, deux coiffes et une dent de moins, à la cour; de sorte que l'on n'a pas le mot à dire. Elle avait une de ses dents du devant de la bouche un peu endommagée; ma foi, elle a péri . . ." (21.10.76). In this gallery, as in the family section, Mme de Sévigné pays special attention to noses even in her choice of idioms: "La Troche vous rend mille grâces de votre souvenir; son fils a encore assez de nez pour en perdre la moitié au premier siège, sans qu'il y paraisse" (12.1.74). The main impression the reader has of a nurse employed by Mme de Sévigné is the size of her breasts. She is, because of her productivity, compared to both a cow and a fountain: "Et pour la petite, je la mis dès dimanche entre les mains de l'autre nourrice. Ce fut un plaisir de la voir téter; elle n'avait jamais tété de cette sorte. Sa nourrice avait peu de lait; celle-ci en a comme une vache" (8.4.71); "Votre enfant est aimable. Elle a une nourrice parfaite; elle devient fort bien fontaine: fontaine de lait . . ." (24.4.71).

Speaking of a frivolous young woman, newly married, a Mlle de Garaud, Mme de Sévigné resorts to hyperbole, an hyperbole which exhausts even her imagination: "[O]n leur a donné la plus folle, la plus dissipatrice, la plus ceci, la plus cela qu'il est possible d'imaginer" (25.10.79). When all else fails she echoes Orgon's complete inability to give an accurate description of Tartuffe: "Nous avons été, l'abbé de Grignan, La Garde et moi, rendre une visite à votre Premier Président. . . . C'est un homme qui mettra le bon sens et la raison partout; c'est un homme enfin . . ." (10.11.73); "Voilà M. de Magalotti qui s'en va en Provence. . . . Je crois que vous serez aise de voir un homme de ce mérite, un homme du monde, un homme avec qui vous parlerez français et italien, si vous voulez; un homme dont les perfections sont connues de toute la cour; un homme enfin, un homme qui vous porte deux paires de souliers de Georget" (9.4.71).

Mme de Sévigné observed the masks of persons-in-performance, and she perceived blindness in the wearing of a mask. This blindness may be due to arrogance, conceitedness, complacency, or naïveté, and the degree of ridicule depends on the lack of proportion with respect to "setting." The more unreasonable the mask, the more ridiculous the person.

In 1664, in one of a series of letters written to Pomponne about the Foucquet trials, Mme de Sévigné observes Foucquet move from momentary blindness to more lucidity in his presentation of self: "Je ne sais quel bon ange l'a averti qu'il avait été trop fier, mais il s'en est corrigé aujourd'hui, comme on s'est corrigé aussi de le saluer" (22.11.64). Several times during this period she comments on the difficulty the Chancellor Séguier had in keeping in balance his mask of devotion: "[A]u lieu d'être alerte, Monsieur le Chancelier sommeillait doucement" (26.11.64); "Il [Foucquet] n'est entré qu'à onze heures, parce que Monsieur le Chancelier a fait lire le rapporteur, comme je vous l'ai mandé, et malgré toute cette belle dévotion, il disait toujours tout le pis contre notre pauvre ami" (27.11.64).

One to whom Mme de Sévigné sarcastically referred as "la" Marans is a good example of the *déraisonnable* and as such is subject to some of the Marquise's most severe ridicule. The woman's egoism was, according to Mme de Sévigné, unparalleled, caused her to try new fashions which were inappropriate (22.4.71), and feel that others were deliberately not keeping her informed of events, as in this case with reference to recent deaths: "Si l'on pouvait rire, l'on rirait. Hélas! si elle savait combien on songe peu à lui cacher quelque chose, et combien chacun est occupé de ses douleurs et de ses craintes, elle ne croirait pas qu'on eût tant d'application à la tromper" (20.6.72). So enamored of herself was she that Mme de Sévigné reports: "Elle avait cet été la fantaisie d'être violée; elle voulait être violée absolument. Vous savez ces sortes de folies. Pour moi, je crois qu'elle ne le sera jamais. Quelle folle, bon Dieu!" (13.1.72). From this fantasy, "la" Marans turns to devotion and, once again blind from egocentricity, she carries her newly acquired piety to extremes:

La dévotion de la Marans est toute des meilleures que vous ayez jamais vues. Elle est parfaite, elle est toute divine. Je ne l'ai point encore vue; je m'en hais. Il y a une femme qui a pris plaisir à lui dire que M. de Longueville avait une véritable tendresse pour elle, et surtout une estime admirable, et qu'il avait prédit que quelque jour elle serait une sainte. Ce discours dans le commencement lui a si bien frappé la tête qu'elle n'a point eu de repos qu'elle n'ait accompli les prophéties. (1.1.74)

The textual superlatives and hyperbole betray the ironic intent of the account.

The country was a privileged position from which to observe some "pecques provinciales" who, like Molière's "Précieuses ridicules," made themselves ridiculous in their gauche aping of the Court: "Pomenars vous fait dix mille compliments. Il conte qu'une femme, l'autre jour à Rennes, ayant ouï parler des *medianoche*, dit à quatre heures du soir qu'elle venait de faire *medianoche* chez la Première Présidente; cela est bien d'une sotte bête qui veut être à la mode" (26.8.71); "Mme de Quintin est à Dinan; son style est enflé comme sa personne. Ceux qui sont destinés à faire des harangues puisent là toutes leurs grandes périodes; c'est une chose bien dangereuse qu'une provinciale de qualité, et qui a pris, à ce qu'elle croit, l'air de la cour" (27.11.75).

Another image which came to mind when describing the pretensions of provincials was that of the Sotenvilles of Molière's *George Dandin*. "Parlons de votre Mme de Montbrun. . . . Le plaisant caractère! toute pleine de sa bonne maison qu'elle prend depuis le déluge, dont on voit qu'elle est uniquement occupée: Mme de Sotenville en grand volume!" (2.10.89).

At Vichy Mme de Sévigné encountered an older woman who made herself ridiculous in her efforts to appear young and was taking the waters to effect her own brand of cure: "Elle cherche à se guérir de soixante et seize ans, dont elle est fort incommodée; ceci devient les Petites-Maisons" (4.6.76). A few days later, having nicknamed her the "Sibylle Cumée," Mme de Sévigné adds: "Nous avons la *Sibylle Cumée* toute parée, toute habillée en jeune personne. Elle croit guérir, elle me fait pitié" (8.6.76).

It is proper to an ironist to pretend unawareness; so does Mme de Sévigné with the antics of an all-too-frequent visitor to Les Rochers, Mlle du Plessis. In doing this the Marquise is not above playing her own role in the comic scene in order to obtain fuller pleasure from the spectacle:

> Mlle du Plessis est tout justement comme vous l'avez laissée. Elle a une nouvelle amie à Vitré, dont elle se pare, parce que c'est un bel esprit qui a lu tous les romans et qui a reçu deux lettres de la princesse de Tarente. J'ai fait dire méchamment par Vaillant que j'étais jalouse de cette nouvelle amitié, que je n'en témoignerais rien, mais que mon cœur était saisi; tout ce qu'elle a dit là-dessus est digne de Molière. C'est une plaisante chose de voir avec quel soin elle me ménage, et comme elle détourne adroitement la conversation pour ne point parler de ma rivale devant moi; je fais aussi fort bien mon personnage. (31.5.71)

A few days later she adds: "Mlle du Plessis est toute telle que vous la représentez, et encore un peu plus impertinente. Ce qu'elle dit tous les jours sur la crainte de me donner de la jalousie est une chose originale, dont je suis au désespoir quand je n'ai personne pour en rire" (28.6.71). With even heavier irony Mme de Sévigné reports on this provincial's speech and behavior:

> Du reste, Mlle du Plessis est toujours adorable. Elle avait ouï dire que M. de Grignan "était le plus beau garçon, le plus beau garçon qu'on eût su voir." Prenez son ton;

vous lui auriez donné un soufflet. Je suis quelquefois assez malheureuse pour dire quelque chose qui lui plaît; je voudrais que vous l'entendissiez me louer et me copier. Elle a retenu aussi certaines choses que vous disiez ici, qu'elle nous redonne avec la même grâce. Hélas! si rien ne me faisait mieux ressouvenir de vous, que je serais heureuse! (7.6.71)[24]

Not only in the country were examples of the ridiculous to be found. At Court gross incongruities between being and seeming were everywhere apparent to those willing to see truly. Here the art of *paraître* was most consciously studied, but here, too, pride and arrogance became monomania, and appearance petrified into mask. Since beauty was prized, there were those who tried to convince themselves that they were or could be more beautiful than they really were:

M. de Saint-Hérem a été adoré à Fontainebleau, tant il a bien fait les honneurs, mais sa femme s'était mise à la fantaisie de se parer et d'être de tout. Elle avait des diamants et des perles; elle envoya emprunter un jour toute la parure de Mme de Soubise, ne doutant point d'être comme elle dès qu'elle l'aurait mise. Ce fut une grande risée. N'y a-t-il dans le monde ni amis ni miroirs? (12.10.77)

Devotion came in and out of vogue at Court, and here, too, as anyone familiar with *Tartuffe* realizes, there were those who wished to adorn themselves with this mask when it was in fashion:

La princesse d'Harcourt danse au bal, et même toutes les petites danses. Vous pouvez penser combien on trouve qu'elle a jeté le froc aux orties, et qu'elle a fait la dévote pour être dame du palais. Elle disait, il y a deux mois: "Je suis une païenne auprès de ma sœur d'Aumont." On trouve qu'elle dit bien présentement. La *sœur* d'Aumont n'a pris goût à rien; elle est toujours de méchante humeur, et ne cherche qu'à ensevelir des morts. La princesse d'Harcourt n'a point encore mis de rouge. Elle dit à tout moment: "J'en mettrai si la Reine et M. le prince d'Harcourt me le commandent;" la Reine ne lui commande point, ni le prince d'Harcourt, de sorte qu'elle se pince les joues, et l'on croit que M. de Sainte-Beuve entrera dans ce tempérament. Voilà bien des folies que je ne voudrais dire qu'à vous. . . . (19.1.74)

The rise and fall of the mistresses of Louis XIV feature significantly in her letters as they became heroines wearing masks appropriate to those feminine stars of the novels of which Mme de Sévigné was so fond:

Je veux parler aussi de Mme la duchesse de La Vallière. La pauvre personne a tiré jusqu'à la lie de tout; elle n'a pas voulu perdre un adieu ni une larme. Elle est aux Carmélites, où huit jours durant, elle a vu ses enfants et toute la cour, c'est-à-dire ce qui en reste. Elle a fait couper ses beaux cheveux, mais elle a gardé deux belles boucles sur le front. Elle caquète et dit merveilles; elle assure qu'elle est ravie d'être dans une solitude. Elle croit être dans un désert, pendue à cette grille. (27.4.74)

The textual opposition of the words *caquète* and *désert* alert the reader to search for the true message being conveyed. Such a solitude would need to be supported by protestations and assurances!.

Others are compared directly to bad novels because of their obvious lack of taste: "Je vous ai parlé de la Launay. Elle était bariolée comme la chandelle des Rois, et nous trouvâmes qu'elle ressemblait au second tome d'un méchant roman, ou au *Roman de la Rose* tout d'un coup" (5.7.71).

Bishop Forbin-Janson of Marseilles shifts between country and Court, and because of the problems he caused the Grignans, he was not much beloved by Mme de Sévigné. Consequently, he is scrutinized so that every falsity is exposed:

> Vous verrez, par cette lettre de Monsieur de Marseille, que nous sommes toujours amis. Il me semble que j'ai recû plus de dix fois cette même lettre; ce sont toujours les mêmes phrases. Il ne donne point dans la "justice de croire," mais il me prie fort d'être persuadée qu' "il est, avec une vénération extraordinaire, l'évêque de Marseille"–et je le crois. Continuez l'amitié sincère qui est entre vous. Ne levez point le masque et ne vous chargez point d'avoir une haine à soutenir; c'est une plus grande affaire que vous ne pensez. (7.6.71)

The irony here is all too obvious in the juxtaposition of "amitié sincère" and "masque." Tagged, because of his many excursions, "dom Courrier," "dom Postillon," and "La Grêle," he is also mockingly compared to the archbishop of *La Chanson de Roland*: "On me dépeint ici Monsieur de Marseille l'épée à la main, aux côtés du roi de Pologne, ayant eu deux chevaux tués sous lui, et donnant la chasse aux Tartares, comme l'archevêque Turpin la donnait aux Sarrasins. Dans cet état, je pense qu'il méprise bien la petite assemblée de Lambesc" (30.10.75). "Dom Postillon" changes a mock-heroic mask for one of the *commedia* in her eyes:

> La paix de Pologne est faite, mais romanesquement. Ce héros, à la tête de quinze mille hommes, entouré de deux cent mille, les a forcés, l'épée à la main, à signer le traité; il s'était campé si avantageusement que depuis Calprenède on n'avait rien vu de pareil. . . . Le Marseille a déjà mandé qu'il avait eu bien de la peine à conclure cette paix. Il souffle, il s'essuie le front comme le médecin de la comédie qui avait eu tant de peine à faire parler cette femme qui n'était point muette. Dieu sait quelle bavarderie! Cette peine est égale à celle qu'il eut quand on élut ce brave roi. (18.11.76)

Mme de Sévigné well knew how to play her role, being one of the *honnêtes gens* of her society. At the same time she saw with piercing clarity when masking became incongruous and therefore ridiculous. Truly she echoes the words of Cléante to Orgon in *Tartuffe*:

> Vous les voulez traiter d'un semblable langage,
> Et rendre même honneur au masque qu'au visage,

Egaler l'artifice à la sincérité,
Confondre l'apparence avec la vérité,
Estimer le fantôme autant que la personne,
Et la fausse monnoie à l'égal de la bonne?

(I,v)

Having undertaken an analysis of her use of mask and portrait with respect to others, it may now be interesting to view how Mme de Sévigné perceived herself in her correspondence. One of the most striking features is the urbane and self-disparaging tone she uses with reference to herself. Another technique is that of "rupture ironique." By this means the ironist stops herself *en route*, out of the asceticism which lucidity demands, and thereby steels herself against the complacency of pathos; an ironist fears being the dupe of her own sorrow.[25]

The main portrait of Mme de Sévigné that her reader sees is one of an adoring mother who loves—especially her daughter—to the point of *folie*. The reader feels Mme de Sévigné's frustration as she tries every linguistic means possible to express her deep affection. But whenever the Marquise depicts herself by way of an image or a metaphor, a distancing with respect to self becomes immediately apparent.

One motif of self-portraiture is a parody of Bussy's portrait of her in the *Histoire amoureuse des Gaules*: "Enfin le jour malheureux arriva, où je vis moi-même, et de mes propres yeux *bigarrés,* ce que je n'avais pas voulu croire" (26.7.68).[26] Again, several years later, she writes to her daughter: "Vous êtes fâchée que votre nez ne soit pas de travers, et moi, qui suis rangée, j'en suis ravie; je ne comprends pas ce que peuvent faire, avec moi, mes paupières bigarrées" (27.2.71).

She takes delight in ridiculing someone, a M. de La Brosse who was visiting in Provence, who has been so erroneous in describing her to the point where her portrait, as she sees it, has been emptied of its true substance: "Votre monsieur, qui dépeint mon esprit juste et carré, 'composé,' 'etudié,' l'a très bien *dévidé,* comme disait cette diablesse. J'ai fort ri de ce que vous m'en écrivez et vous ai plainte de n'avoir personne à regarder pendant qu'il me louait si bien; je voudrais au moins avoir été derrière la tapisserie" (6.5.71).[27] Here one is reminded of the ludicrous position of a Néron in Racine's *Britannicus,* where one of kingly stature is reduced to playing the role of a spy.

Other examples of her frequent technique of portraying herself with a distanced stance are her use of the diminution which metonymy affords ("Je suis ravie que mes petits yeux aient fait de si illustres conquêtes . . ." [1653]) and her comparison of herself with some lower form of life such as "cette éponge" (4.5.76), "une poule mouillée" ("Vous ririez bien de me voir une poule mouillée comme je suis . . ." [15.3.76]; ". . . la poule mouillée vient de manger son poulet . . ." [19.5.76]), or a fly ("Me voilà précisément comme la mouche. Je me mets 'sur le nez du cocher,' je pousse la roue, je bourdonne, et 'fais cent sottises pareilles,' et puis je dis: 'J'ai tant fait que nos gens sont enfin dans la plaine'" [6.12.79]). Knowing Mme de Grignan's affinity for Descartes, she portrays herself in Cartesian terms: "Je me porte très bien, ma bonne. Je me trouve fort bien d'être une substance qui pense et qui lit" (11.9.75). Protesting the unlettered ignorance of a character from a pastoral, she disparages herself as a correspondent: "Je vous demande pardon des sottes répétitions de cette lettre; elle est d'une vraie bergère qui ne sait rien" (25.10.79).

The roles which produced the most tension within the personality of Mme de Sévigné were those of the *dévote* and the *païenne*. She struggled with these masks as she sensed within herself what seemed to be an irreconcilable duality between her love for God and her passion for her daughter. References to the masks of the *dévote* frame her correspondence: "Il [M. de Grignan] m'a trouvée avec le P. Mascaron, à qui je donnais un très beau dîner. Il prêche à ma paroisse. Il me vint voir l'autre jour; j'ai trouvé que cela était d'une vraie petite dévote de lui donner un repas" (11.3.71).

A month later she echoes the same concern after a dinner with her friend Pomponne:

> J'allai dîner à Pomponne. J'y trouvai notre bonhomme qui m'attendait; je n'aurais pas voulu manquer à lui dire adieu. Je le trouvai dans une augmentation de sainteté qui m'étonna; plus il approche de la mort, et plus il s'épure. Il me gronda très sérieusement et, transporté de zèle et d'amité pour moi, il me dit que j'étais folle de ne point songer à me convertir; que j'étais une jolie païenne; que je faisais de vous une idole dans mon cœur; que cette sorte d'idolâtrie était aussi dangereuse qu'une autre, quoiqu'elle me parût moins criminelle; qu'enfin je songeasse à moi. (29.4.71)

And many years later the nagging worry reappears: "Vous me demandez si je suis toujours *une petite dévote qui ne vaut guère*; oui, justement, ma chère enfant, voilà ce que je suis toujours, et pas davantage, à mon grand regret" (15.1.90).[28]

Molière saw a character as a person who is powerfully unified by the domination of a passion or a vice that destroys or subdues all other likes or dislikes of his personality. This passion, then, becomes the motivating force of his thought and action. Love, for Molière, frequently becomes a symbol for what is not the mask but the person, for nature as opposed to art. Love in a person already "fixed" by another dominant passion becomes *déraisonnable,* but the comic character with the logic of unreason is unable to see, is blind to, this lack of proportion. So a Tartuffe is caught unawares when his love for Elmire chips away at and ultimately cracks his mask of piety.

For Mme de Sévigné, maternal love itself was capable of becoming an *idée fixe,* of hardening into a mask of the *déraisonnable,* and of taking complete control over an autonomous personality. She seemed to realize this and struggled to wear the mask with some sense of balance:

> Je passe ma vie à parler de vous; ceux qui m'écoutent le mieux sont ceux que je cherche le plus. N'allez point craindre que je sois ridicule, car outre que le sujet ne l'est pas, c'est que je connais parfaitement bien et les gens et le lieu, et ce qu'il faut dire et ce qu'il faut taire. (11.3.71)

Curiously enough when she would catch herself being unreasonably controlled by her passion, she would step back to assess the mask, often with reference to Molière's *Tartuffe*: "Enfin, ma bonne, conservez bien ce cher enfant, mais donnez-le à Dieu, si vous voulez qu'il vous le donne, cette répétition est d'une grand-mère chrétienne; Mme Pernelle en dirait autant, mais elle dirait bien" (13.12.71).

At another time she dons the mask of Mme Pernelle's son Orgon: "Enfin j'ai parlé quinze ou seize heures à M. de Coulanges [about Mme de Grignan]! Je ne crois pas qu'on puisse parler à d'autres qu'à lui: 'Ça, courage! mon cœur, point de faiblesse humaine!'; et en me fortifiant ainsi, j'ai passé par-dessus mes premières faiblesses" (23.12.71).

Here she takes center stage in the mask of Tartuffe himself: "Souvenez-vous que vous avez perdu tout cet argent sans vous divertir: au contraire, vous avez donné cinq ou six mille francs pour vous ennuyer et pour être houspillée de la fortune. Ma bonne, je m'emporte; il faut dire comme Tartuffe: 'C'est un excès de zèle'" (9.3.72). Such instances are not infrequent, the "rupture ironique" being akin to those of the music of a Poulenc or a Satie and already foreshadowed in Couperin.

Another mask which Mme de Sévigné consciously donned when she distanced herself through self-parody was that of the *commedia* figure as transformed in Molière's *Ecole des femmes*. Arnolphe / M. de La Souche has an almost pathological need of adoration and believes that he can form a being in his own image, that he can create a soul entirely dependent on his will.[29] Arnolphe's overweening vanity is reflected in his misplaced grandiloquence, a grandiloquence which is ultimately reduced to a comic "ouf!" (V,ix) when the balloon of his inflated ego is burst by natural forces which prove superior to him. One can only hold one's breath, metaphorically speaking, to wait for the natural outcome of events and then breathe freely once again when all is resolved despite one's own best efforts. Such would appear to be this comic mask as Mme de Sévigné applied it to herself: "Je m'étais fait une suspension de toutes choses, à tel point que j'étais comme ces gens dont l'application les empêche de reprendre leur haleine. Voilà donc qui est fait, Dieu merci. Je soupire comme M. de La Souche; je respire à mon aise" (3.11.88).

On two other occasions she specifies the nature of this mask: "Enfin, ma bonne, je respire à mon aise. Je fais un soupir comme M. de La Souche; mon cœur est soulagé d'une presse et d'un saisissement qui en vérité ne me donnaient aucun repos" (21.6.71); "Ah! oui, assurément, j'ai la mine d'avoir été en peine de votre mal de gorge, et je ne vous puis dire aussi combien cette lettre du 24, qui m'apprend votre guérison, me fait respirer à mon aise" (31.1.89).

That she saw herself in the guise of a doctor of the *commedia* is reflected in many letters such as: "J'ai acquis une grande réputation dans cette occasion; je suis du moins, comme l'apothicaire de Pourceaugnac, expéditive" (8.4.71); "Enfin, c'est une rage de vouloir vous parler à toute force, comme le Docteur" (6.11.75). And with the depiction of a few props, the mask becomes even more picturesque: "En vérité, 'j'ai bien eu de la peine.' Je suis justement comme ce médecin qui s'essuyait le front avec son mouchoir et qui avait bien fatigué à guérir une fille qui n'était point muette et qui parlait comme une pie dénichée. Voilà, voilà justement comme je suis" (4.9.76).

Frequently did she step away from herself to reflect jokingly on her own linguistic performance and, so doing, saw herself as M. Jourdain of Molière's *Bourgeois gentilhomme*: "Comment, ma bonne? j'ai donc fait un sermon sans y penser?" (12.6.80); "J'étais si agréablement accoutumée avec vous, ma très aimable, et avec mes anciennes amies, que j'avais oublié que je susse faire de la prose; je suis ravie de m'apercevoir que j'en fais fort bien" (10.7.89).

This ironic reflection on her own writing is also evident in the mock-heroic tone achieved by the borrowing of biblical and ecclesiastical phrases: "Me revoilà dans mes lamentations du prophète Jérémie" (25.10.71); "Je ne parle pour personne, mais ce qui est écrit est écrit" (2.11.79). She often referred to her relation of events as a proclamation of the Good News of the day with the words: "C'est l'évangile du jour" (13.12.79; 26.5.83; 25.3.89).

What mattered was the *honnête* practice of wearing the mask in a suitable way to avoid the ridiculousness of a presentation of self which would be inappropriate to the situation and thereby unreasonable. That this was at best difficult to do given the disadvantages of separation she was acutely aware: "Quand on est si loin, on ne fait quasi rien, on ne dit quasi rien, qui ne soit hors de sa place. On pleure quand il faut rire. On rit quand on devrait pleurer. On craint pour les jeunes chirurgiens de soixante-quatre ans" (6.12.71).

From the depths of her sincere agony over this separation, Mme de Sévigné, as a true woman of ironic wit, could still exercise that control which allowed her a comic angle of vision of her own performance. Writing to Bussy in 1688, she portrays herself in the mask of an Alceste, another *moliéresque* transposition of a *commedia* mask. Much like Boileau, who in his *Satire I* has the poet Damon bid an angry farewell to the city, she sees herself as a feminine misanthropist retreating to a provincial desert:

> Je suis bien triste, mon cher cousin. Notre chère comtesse de Provence, que vous aimez tant, s'en va dans huit jours. Cette séparation m'arrache l'âme, et fait que je m'en vais en Bretagne; j'y ai beaucoup d'affaires, mais je sens qu'il y a un petit

brin de dépit amoureux. Je ne veux plus de Paris sans elle. Je suis en colère contre
le monde entier; je m'en vais jeter dans un désert. (22.9.88)

In so explaining herself she has seized the essence of *ridicule* in an Alceste
figure who would have his daily struggles take on cosmic proportions.

As a distinction can be made, between verbal and situational irony, where
the former is the irony of the ironist being ironical and the latter is the irony
of a state of affairs or an event seen as ironic,[30] so the readers of the *Correspondance* can be amused by another irony in which Mme de Sévigné was
herself caught. In the following passage the Marquise expostulates over what
she considered to be the barbarian burial practices in Provence where the faces
of the dead were not covered and where women who had customarily arranged
their hair with ribbons were buried wearing them:

> Mon Dieu! ma chère fille, que vos femmes sont sottes, vivantes et mortes! Vous me
> faites horreur de cette fontange. Quelle profanation! cela sent le paganisme. Quelle
> sottise! oh! mon enfant, cela me dégoûterait bien de mourir en Provence. Il faudrait
> du moins que vous me donnassiez votre parole qu'on n'irait point chercher une
> coiffeuse en même temps qu'un plombier. Ah! vraiment, "fi! ne parlons point de
> cela." (13.12.88)

Madame de Sévigné died and was buried in Provence.

3

Speech: "Fantaisie verbale"

"Voilà l'histoire en peu de mots. Pour moi, j'aime les narrations où l'on ne dit que ce qui est nécessaire, où l'on ne s'écarte point ni à droite, ni à gauche, où l'on ne reprend point les choses de si loin; enfin je crois que c'est ici, sans vanité, le modèle des narrations agréables" (22.7.71). One prominent aspect of comic speech, a poetic aspect, is its compressed and explosive life. Statements made with vigor and vivacity plant a verbal bomb which subsequently detonates in the mind of the reader or listener. Odette de Mourgues has discussed this notion as it relates to the comedy of the fables of a much admired contemporary of Mme de Sévigné, Jean de La Fontaine. The art of selection and sacrifice, the art of leaving something unsaid, she notes, was another ingredient of the dictum *plaire.*[1] La Fontaine, himself, states this theory in poetic form in the epilogue to the sixth book of fables: "Les longs ouvrages me font peur. / Loin d'épuiser une matière, / On n'en doit prendre que la fleur."[2] Yet another of the Marquise's contemporaries, Nicolas Boileau, had his own humorous formulation of this call to concision:

> Un Auteur quelquefois trop plein de son objet
> Jamais sans l'épuiser n'abandonne un sujet.
> S'il rencontre un Palais, il m'en dépeint la face:
> Il me promène après de terrasse en terrasse.
> Icy s'offre un perron, là regne un corridor,
> Là ce balcon s'enferme en un balustre d'or:
> Il compte des plafonds les ronds et les ovales.
> *Ce ne sont que Festons, ce ne sont qu'Astragales.*
> Je saute vingt feüillets pour en trouver la fin,
> Et je me sauve à peine au travers du jardin.[3]

So, too, chief characteristics of Molière's diction are its vigor, its dramatic quality *par excellence,* its quality of explosive constraint, and its vibrancy which is sometimes due to ungrammatical usages.[4]

In the above reference from Mme de Sévigné, it is apparent that she, also, underscored the necessity of compression in "narrations agréables." Four

days later she was to offer but one of her many examples of this ability
to narrate agreeably, selecting some elements and sacrificing others so as to
invite the complicity of the reader. She begins by relating the surprise entrance
of Mme de Chaulnes and Pomenars into her estate at Les Rochers and describes
Pomenars thus: "Enfin je n'ai jamais vu un homme si fou que Pomenars. Sa
gaieté augmente en même temps que ses affaires criminelles; s'il lui en vient
encore une, il mourra de joie" (26.7.71). Further on in the same letter she
synthesized Pomenars's story for her daughter: "Pomenars ne fait que sortir
de ma chambre; nous [Mme de Chaulnes and Mme de Sévigné] avons parlé
assez sérieusement de ses affaires, qui ne sont jamais de moins que de sa tête.
Le comte de Créance veut à toute force qu'il ait le cou coupé; Pomenars ne
veut pas: voilà le procès" (26.7.71). Her description of Pomenars attests to
that wit that requires the intellectual ability to produce a shocking combination of ideas which are seemingly unrelated. To state that one's joy increases
with the number of criminal convictions is certainly to perceive similarity in
differences, and the economy of the statement displays an agile verbal manipulation and one that calls attention to the form itself as well as to the content
or message. A trial that consists in a simple "Créance veut" and "Pomenars
ne veut pas" leaves much to the imagination, especially when what is at stake
is a mere "cou"! Her final "voilà le procès" implies much more than what it
says, and this "implicit" meaning requires perception by another for its
realization.

A compression or condensation which is basically witty exacerbates the
fundamental lack of signifiers and produces a surplus of meaning in the course
of the communication process. Frequently, the repressed or condensed content
relates to the socially unacceptable, sexual overtones, or other taboos.
According to Freud, recognition of the repressed content contained in the
implicit mode of the witticism produces a pleasurable sense of relief and
represents an economy of energy for the listener as well as for the witticist.
One logically expends less effort than that which is required to repress a
sexual instinct or other taboo.[5] Such, for example, is the pleasure to both
writer and reader in a passage like the following from the *Correspondance*: "Le
Roi l'embrassa tendrement quand elle fut au lit, et la pria de ne rien contester
à M. le prince de Conti, et d'être douce et obéissante; nous croyons qu'elle
l'a été" (17.1.80). The last phrase, in its understatement, explodes with
signifieds and leaves in the mind of the reader a whole range of ideas and
images.

Abbreviated and elliptical neologisms with resulting distortions of meaning
illustrate the tendency of the witticist to economize and thereby avoid making
either direct criticism or judgement of another.[6] For Mme de Sévigné this
tendency to abbreviate produced such expressions as "en Bavardin" and
"en Bourdaloue." Within the former expression she could contain several
messages: that she went in search of news; that she went into town to gossip;

that Mme de Lavardin was a good provider of such gossip. "J'ai diné en *Bavardin*, mais si purement que j'en ai pensé mourir. Tous nos commensaux nous ont fait faux bond; nous n'avons fait que *bavardiner*, et nous n'avons point causé comme les autres jours" (10.4.71). On another occasion she writes: "J'ai diné en lavardinage, c'est-à-dire en *bavardinage*; je n'ai jamais rien vu de pareil" (3.4.71). And to state that she went to hear the noted Jesuit preacher, Bourdaloue, she says: "J'ai diné aujourd'hui chez Mme de Lavardin, après avoir été en Bourdaloue, où étaient les *Mères de l'Eglise*; c'est ainsi que j'appelle les princesses de Conti et de Longueville" (13.3.71).

According to Mme d'Oppède, a Provençale, M. de Grignan was guilty of spying. In Provence, a word for *épier* was *espincher* and so again, with her own neologism, Mme de Sévigné could cunningly play with this indictment of her son-in-law: "J'embrasse tous ces gens-là, et mon cher petit Marquis, et Pauline, et vous toutes mes sœurs, et toi, *Monsieur Despinchaudières*" (14.2.80).

As seen in the preceding chapter, M. de Grignan was often playfully depicted by his mother-in-law as a cat, "matou." That she enjoyed sustaining this metaphor is obvious throughout her letters and to it is due the neologistic verb *se grippeminauder*. Grippeminaud is the name which La Fontaine gave to his cat in the fable *Le Chat, la bellette et le petit lapin*: "Bonsoir, M. le comte de *Grippeminaud*" (27.6.77). Some months later she refers to relatives of "matou" with the words: "Au reste, il y a des grippeminauds à Langlard, où l'on se grippeminaudait tout seul. 'Devine si tu peux, et choisis si tu l'oses.' Milles amitiés à tous les Grignan du monde" (29.9.77). Here an economy of names is realized while at the same time the reader is left with a variety of cat-like images either from the fable or from experience itself. This mixture of images contained within a few words is compounded by the use of a verse from Corneille's *Héraclius,* a play noted for its complicated plot and confusion of identities. Once again Mme de Sévigné will use this word *grippeminaud* but this time with respect to a room in her new house, the Carnavalet, which is being prepared to receive both herself and, as she hopes, the Grignans:

De cette chambre, on passe dans celle de Mme de Lillebonne,–c'est la mienne. Et de cette grande chambre, on va dans une petite, que vous ne connaissez pas, qui est votre panier, votre *grippeminaud,* que je vous meublerai, et où vous coucherez, si vous voulez. La grande sera meublée aussi de votre lit; j'aurai assez de tapisserie. Cette petite chambre est jolie. (12.10.77)

Now Mme de Grignan, wife of "matou," has a little room where she can retire to relax, to stretch out lazily with the insouciance of a spoiled feline.

Abbreviation and ellipsis often converge with periphrasis for Mme de Sévigné as she alludes to her son's amorous exploits. Not wishing to narrate in scandalous detail, she creates an elliptical code using words and phrases which, in their humorous circumlocution, elicit the complicity of the reader in decoding the displaced message: "[O]ù est mon fils? Il y a longtemps qu'il est parti de l'armée; il n'est point à Paris. Où pourrait-il être? Pour moi, je n'en suis point en peine, et je suis assurée qu'il *chante vêpres* auprès de sa jolie abbesse; vous savez que c'est toujours son chemin de passer chez elle" (27.11.75).

With tongue in cheek, and not a little irony, she conveys her annoyance at his delayed return home: "Il y a deux mois qu'il serait ici s'il avait retranché de son voyage les jours qu'il a donnés aux plaisirs charmants qu'il a trouvés en basse Bretagne" (24.1.80). Mother and daughter both knew that it was not the bucolic charm of the countryside which seduced and detained son and brother!

A similar technique is used to express the idea that a suitor is seldom away from the woman he pursues. One simple word with a religious significance conveys this meaning: "Monsieur de Saint-Malo était à Vitré; c'est l'aumônier de Mme de Chaulnes" (27.10.75).

That her daughter was aware of the code and could participate in this game is evident in a reference her mother makes to one of Mme de Grignan's letters:

Le commencement de votre dernière [lettre] est étrange. Vous me donnez à deviner ce que vous avez fait la nuit. J'ai tremblé depuis les pieds jusqu'à la tête; je croyais que tout fût perdu. Il se trouve que vous avez attendu votre courrier, et que vous avez bu joyeusement à la santé du Roi votre maître. J'ai respiré et approuvé votre zèle. (27.1.72)

Obviously, Mme de Grignan, knowing her mother's apprehensions with respect to another pregnancy, teased her with a *devinette,* a device which in itself is pregnant with multiple signifieds and, in this case, with some that would have been too indiscreet to relate in detail, had they been true.

And then some periphrastic phrases are just simple delight in the very representation by opposites, as seen in an early "travel letter": "Quelquefois le bréviaire assemblera le second ordre, et laissera place à un certain bréviaire de Corneille, que nous avons envie de dire, Sévigné et moi . . ." (13.5.71).

As in the dream which economizes and represents repressed thoughts indirectly through symbols, wit condenses many ideas into a few by the techniques of omission, personification, metaphor, and ambiguity. Wit can also displace forbidden meaning in metonymy, absurdity, indirect representation through the similar as well as through the opposite.[7] Some examples of Mme de Sévigné's use of periphrasis have been seen. So, too, she uses antithesis to imply more than what could be properly and perhaps wittily stated.

Referring to a location and an evening of debauchery which Charles enjoyed in company with a few of his friends, she writes: "Il plut hier à trois de ses amis de le mener souper dans un lieu d'honneur; il y fut" (22.4.71). Speaking of the courtesan Ninon's *libertinage,* she expostulates: "Quelle corruption! Quoi! parce qu'elle vous trouve belle et spirituelle, elle veut joindre à cela cette autre bonne qualité, sans laquelle, selon ses maximes, on ne peut être parfaite?" (1.4.71).

Sometimes the ironic use of a repeated word or phrase can alert the reader to an antiphrastic message, as in the following reference to the "poli Lavardin" who is compared to the wine from Graves, a wine which like all Bordeaux wines was not much appreciated in seventeenth-century France: "Nous sommes polis pour le moins autant que le poli Lavardin. On l'adore ici, c'est un gros mérite qui ressemble au vin de Graves" (12.8.71).

Praise of doctors, which, to anyone who knew Mme de Sévigné, would be at least slightly suspect, is couched with textual antithesis and much sarcasm, made obvious by the string of verbs which stand in defiance of the word *bonté*: "[J]'admirerai la bonté des médecins de ne le pas tuer, assassiner, déchirer, massacrer, car enfin les voilà perdus; c'est leur ôter la vie que de tirer la fièvre de leur domaine" (15.3.80).

Ellipsis is a device specific to the use of but a few signifiers which in turn often multiply the signifieds. As rhetoric allies itself to the duplicity of language, so the ellipsis makes language less simple than it may sometimes seem. The resulting surplus of meaning engages the listener or reader in an activity of reconstruction, where in order to decode the implicit meaning, what is necessary is the reconstruction of the explicit where there was originally only an absence.[8]

Critics and biographers of Mme de Sévigné have already pointed out her penchant for ellipsis. It is, according to Sommier, the most marked characteristic of her style and betrays what Brunet has named her "obsession de vitesse."[9] Harriet Allentuch offers some of the abundant examples of Mme de Sévigné's use of this device such as: "[I]l [Langlade] a fait la révérence au Roi, mais c'est au pied de la lettre, car le Roi ne lui dit pas un mot, mais un visage doux" (1.12.79); "[J]e vous demande si vous ne connaissez point M. de Bruys de Montpellier, autrefois huguenot, présentement les poussant à outrance par des livres dont nous sommes charmés . . ." (23.4.90).[10]

Sometimes the omission of one or more words provides an obvious comic effect, as in the case of a reference to a water from Hungary which was used as a curative: "J'ai dans ma poche de votre admirable reine de Hongrie; j'en suis folle" (20.10.75). The inclusion of the simple word *eau* "de la reine de Hongrie" certainly would not have produced the same suffusion of mental images. In another instance, the dearth of explicit signifiers alludes at once to many signifieds: to the current reading of Mme de Grignan, to the marriage which almost took place between Charles and a girl of Jewish ancestry: "Adieu, ma très chère. Je serais ravie, aussi bien que vous, que nous pussions nous allier peut-être aux Maccabées, mais cela ne va bien. Je souhaite que votre lecture aille mieux; ce serait une honte dont vous ne pourriez vous laver que de ne pas finir Josèphe" (3.11.75).

Ellipsis also indicates suppressed, socially unacceptable content represented by *points de suspension* and asterisks. Such, for example, is this passage which alludes to some of Charles's gallant misadventures. Because of the omission which calls attention to itself, it could hardly be the expression of a scrupulous prude. "Vous écrivez une lettre à votre frère qui vaut un empire. Elle est plaisante; j'en ai bien ri. J'eusse juré que sa... eût été ridicule; en effet, j'ai trouvé qu'elle ressemble à une amande lissée. Voilà de ces sortes de physionomies qui ne se raccommoderont jamais avec moi" (13.5.71). Because of the multiple messages possible through this explosive constraint, and through a device such as ellipsis, the writer or speaker must trust the intelligence and imagination of the reader/listener to seize or intuit the intended meaning:

> Mme de Vibraye a repris le train de sa dévotion. . . . Cela s'est tourné désagréablement pour elle, car on trouvait la qualité entre deux fers pour entrer dans le carrosse de la Reine. . . . La Gouville dit tant de sottises là-dessus, chez Mademoiselle, que Mme de Montglas, qui est Hurault, en fut en furie avec raison, et M. de Vibraye dit qu'il couperait le nez ou la robe de cette p... Je ne sais si je me fais entendre; voilà comme il s'est expliqué partout. La Bury fait fort joliment tourner son moulin à paroles. Si on voit cette princesse à Paris, j'irai avec Mme de Vins, qui m'en prie. (26.1.80)

With her usual vivacity she ticks off a series of images following only the inspiration of the moment, desiring only to please and titillate.

A striking feature of the Marquise's inclination when enthusiastic or excited is her use of anaphora and asyndeton. Examples abound which trigger an immediate recognition of the emotive content of the message. After giving an account to her friend Pomponne of the latest news regarding the imprisonment and trial of a mutual friend, Foucquet, she summarizes the general distress of all those personally interested in the misfortunes of the former finance minister:

> Voilà tout ce que je sais. Tout le monde s'intéresse dans cette grande affaire. On ne parle d'autre chose; on raisonne, on tire des conséquences, on compte sur ses doigts; on s'attendrit, on espère, on craint, on peste, on souhaite, on hait, on admire, on est triste, on est accablé; enfin, mon pauvre Monsieur, c'est une chose extraordinaire que l'état où l'on est présentement. (17.12.64)

Here, too, the accumulation of descriptive verbs attests to the agitated dynamism of this "état." Many years later she manifests delight over the Grignans' successful affairs in Provence and, consequently, at Court:

> Voilà une lettre de M. d'Hacqueville qui vous apprendra l'agréable succès de nos affaires de Provence. Il surpasse de beaucoup mes espérances; vous aurez vu où je me bornais par les lettres que je reçus il y a peu de jours et que je vous envoie.

Voilà donc cette grande épine hors du pied, voilà cette *caverne de larrons* détruite, voilà l'ombre de M. d'Oppède conjurée, voilà le crédit de la cabale évanoui, voilà l'insolence terrassée; enfin j'en dirais d'ici à demain. (1.1.76)

Her concluding "enfin" is almost always present, seemingly as a check to her emotions, and concludes the succession of anaphoric constructions leading to an abrupt change of tone or mood as in the continuation of the above selection: "Mais, au nom de Dieu, soyez modestes dans votre victoire. Voyez ce que dit le bon d'Hacqueville; la politique et la générosité vous y obligent" (1.1.76). To state it in other terms, her form of the by then characteristically French *style coupé* permitted such rapid changes in mood from lyric to ironic to matter-of-fact, and so forth.

Writing to Judge Moulceau she informs him of a birth at Court, the Duke of Burgundy, who was eventually to have Fénelon as tutor. Again, the electricity of the atmosphere is underscored by a linguistic anaphora:

Madame la Dauphine est accouchée d'hier jeudi à dix heures du soir d'un duc de Bourgogne. Votre ami vous mandera la joie éclatante de toute la cour, avec quel empressement on la témoignait au Roi, à Monsieur le Dauphin, à la Reine, quel bruit, quels feux de joie, quelle effusion de vin, quelle danse de deux cents Suisses autour des portes, quels cris de "vive le Roi," quelles cloches sonnées à Paris, quels canons tirés, quels concours de compliments et de harangues, et tout cela finira. (7.8.82)

And with a kind of semifeigned excitement, she parodies her own style:

J'embrasse tendrement ma très chère Comtesse, et je dis, ce me semble, bien des choses à Monsieur le Chevalier. Quoi! il est à Grignan? Quoi! il n'est plus dans cette petite chambre? Quoi! il vous voit, il cause avec vous? Quoi! l'assemblée du conseil se tient dans sa chambre? Que je le trouve heureux, malgré ses malheurs! (22.6.89)

The excitability of comic speech tends to the limits of intelligibility, and with Mme de Sévigné this temperamental "primarité"[11] can be viewed as a contributive factor to that aspect of *négligence* so much a part of her style. "Vous savez que je n'ai qu'un trait de plume; ainsi mes lettres sont fort négligées, mais c'est mon style, et peut-être qu'il fera autant d'effet qu'un autre plus ajusté" (27.9.71). Negligence in style is so evident, Duchêne assures, that occasional lapses of grammatical clarity remain after the rush of writing.[12]

Perhaps the letter which most testifies to her capacity for excitement and the one which is frequently cited as an example of her debt to the style of Voiture is that written to her cousin Philippe-Emmanuel concerning the proposed misalliance between the Grande Mademoiselle and Lauzun (15.12.70). Here, in her exuberance, she plays the salon game of the *devinette*. Here, she tries to channel her excitement so that it is intelligible while at the same time using it to tease the intelligence of the reader. For all of being a "display letter," it is a letter written entirely for specific private purposes. It displays, in a quite unselfconscious way, the innate talent for humorous self-expression and the ability to re-create rhetorically what one feels. That the writer in this letter is personally caught up in the guessing game is evident in the number of repetitions, the use of superlatives, the imagined dialogue, the breathless quality of the phrasing, and the somewhat abrupt "adieu" which seems to say that the sensation has, for the moment, exhausted itself in this stream of enthusiastic expostulations.[13]

Molière's comic speech has been noted for its dramatic quality and so, too, Mme de Sévigné's diction is full of a sense of drama. Hyperbole could change the relatively significant into a noteworthy occasion as, for example, in the following quotation where, once again, her technique comes close to self-parody in its use of superlative constructions and its tone of feigned excitement:

> Je ne sais pas encore des nouvelles de la noce [Mlle de Blois et le prince de Conti], ni si ce fut à la face du soleil ou de la lune que le mariage se fit. Mme de Vins m'envoie ce paquet; j'irai faire le mien chez elle, et vous manderai ce que j'aurai appris. Cependant je vous dirai une nouvelle, la plus grande et la plus extraordinaire que vous puissiez apprendre: c'est que Monsieur le Prince fit faire hier sa barbe. Il était rasé. Ce n'est point une illusion, ni de ces choses qu'on dit en l'air; c'est une vérité. Toute la cour en fut témoin, et Mme de Langeron, prenant son temps qu'il avait les pattes croisées comme le lion, lui fit mettre un justaucorps avec des boutonnières de diamants. Un valet de chambre, abusant aussi de sa patience, le frisa, lui mit de la poudre, et le réduisit enfin à être l'homme de la cour de la meilleure mine, et une tête qui effaçait toutes les perruques. Voilà le prodige de la noce. (17.1.80)

Another mini-drama is enacted as rheumatism is made the subject of a hyperbolic *devinette*:

> Devinez, ce que c'est, ma fille, que la chose du monde qui vient le plus vite et qui s'en va le plus lentement, qui vous fait approcher le plus près de la convalescence et qui vous en retire le plus loin, qui vous fait toucher l'état du monde le plus agréable et qui vous empêche le plus d'en jouir, qui vous donne les plus belles espérances du monde et qui en éloigne le plus l'effet. Ne sauriez-vous le deviner? Jetez-vous votre langue aux chiens? C'est un rhumatisme. (3.2.76)

Even a wig became the cause of a ludicrous piling up of contradictory superlatives and as a result an almost personified heroine of *commedia* stature:

> Je suis revenue mercredi matin, et je passai par chez la d'Escars; je mourais d'envie de voir la perruque, mais elle était emballée. Elle m'assura que c'était la plus belle chose du monde, la plus vive, la plus décevante, la plus naturelle, la plus parlante, la

plus jeune, la plus odoyante, la plus blonde, la plus surprenante, et que, pourvu que Montgobert y voulût seulement passer les doigts, elle serait aussi bien, après le voyage, qu'en partant de Paris. (11.9.76)

One trait of excited speech, as has been demonstrated, is its tendency toward repetition. An overly apprehensive Orgon repeats his "Et Tartuffe?" and "Le pauvre homme" (I,iv), just as Harpagon becomes fixed on his "Sans dot" (I,v). With Molière the technique of repetition is used to exploit two types of situations: either one character repeats ironically all or part of a phrase that his/her interlocutor has just stated or, more characteristically, the same character will repeat himself/herself in a way which acquires a comic force as it makes transparent the *idée fixe* which forms the mask of *ridicule* appropriate to *comédie moliéresque*.[14]

Admittedly, Mme de Sévigné's *idée fixe* is her love for her daughter, Françoise-Marguerite. After the latter has married, had one miscarriage and two children, her mother becomes increasingly concerned about Mme de Grignan's health, particularly about any successive pregnancies:

> Vous voilà donc à Lambesc, ma fille. Mais vous êtes grosse jusqu'au menton; la mode de votre pays me fait peur. Quoi! ce n'est donc rien que de ne faire qu'un enfant; une fille n'oserait s'en plaindre, et les dames en font ordinairement deux ou trois. Je n'aime point cette grosseur excessive. . . .
> Ecoutez, Monsieur de Grignan. . . . Vous vous plaisez dans vos œuvres; au lieu d'avoir pitié de ma fille, vous ne faites qu'en rire. Il paraît bien que vous ne savez ce que c'est que d'accoucher. . . . Et pourvu que je ne trouve point une femme grosse et toujours grosse et encore grosse, vous verrez si nous ne sommes pas des gens de parole. En attendant, ayez-en un soin extrême et prenez garde qu'elle n'accouche à Lambesc. Adieu, mon cher Comte. (18.10.71)

As is apparent, the latter part of this quotation is addressed to her son-in-law, and here Mme de Sévigné seems to be consciously using repetition in order to maintain that tone of badinage she consistently uses with M. de Grignan. She wants to make her point but she does not wish to alienate, and she has learned in her period of epistolary *apprentissage* with Bussy that an urbane chiding is much more effectively seductive than outright sarcasm. Not that she could not be quite direct when she so wished: "Je veux aussi vous avertir d'une chose que je soutiendrai en face de votre mari et de vous. C'est que si après être purgée, vous avez seulement la pensée (c'est bien peu) de coucher avec M. de Grignan, comptez que vous êtes grosse" (8.1.72).

That repetition could communicate enthusiasm or excitement, she seems to be aware when she writes to Bussy:

> Je ne saurais comprendre pourquoi je ne vous écris pas, car assurément c'est à moi à féliciter la nouvelle mariée de son nouveau mariage, à faire mes compliments au novel époux et au nouveau beau-père. Enfin tout est nouveau, mon

cousin, hormis mon amitié pour vous qui est fort ancienne, et qui me fait très souvent penser à vous et à tout ce qui vous touche. (29.12.75)

Enumerations, or accumulations, too, come under the aegis of that quality of comic speech called excitability, and examples abound in both Molière and Mme de Sévigné. One use of descriptive enumeration is to highlight dramatically the vicissitudes of existence, as does Scapin's tirade "sa maison brûlée, son argent dérobé, sa femme morte, son fils estropié, sa fille subornée . . ." in *Les Fourberies de Scapin* (II,v).[15]

A frequent cause of an almost unending listing of advice for the Marquise was the health of her daughter. Words tumbled from her heart and pen in an accumulation which must have given even the author pause for amusement at their abundance:

Mais, mon ange, au nom de Dieu, si vous m'aimez, conservez-vous. Ne dansez point, ne tombez point, ne vous blessez point, n'abusez point de votre santé, reposez-vous souvent, ne poussez point votre courage à bout, et surtout prenez vos mesures pour accoucher à Aix, au milieu de tous les prompts secours. Vous savez comme vous êtes expéditive, rangez-vous-y plus tôt que plus tard. Bon Dieu! que ne souffrirai-je point en ce temps-là. (18.5.71)

The very word *expéditive* harkens to Molière's *Pourceaugnac* (I,v) and betrays the self-conscious distancing of the ironist.

Human communication takes the form of a triadic structure consisting of addresser, addressee, and the convention of intelligibility in mutual comprehension. When one knowingly transgresses this rule or "principle of cooperation," several explanations may be proffered. However, for the purposes of this study the motivation for transgression which is of concern is that which invites the addressee to participate in a linguistic sport. The principle is exploited in order to play a game of conversational implication. It is also exploited when, for purposes of dramatic irony, there is interference with the normal process of communication. This occurs, for example, when a person says two things when he thinks he is saying only one, a technique used prodigiously by Molière.

Paul Grice offers four situations for which the rule pertaining to "quality" or, basically, truthfulness, is flouted: irony, metaphor, litotes, and hyperbole.[16] One could view irony as an "umbrella" trope which encompasses the latter devices, since they may each be used ironically in situations where the words or signifiers stand in a negative relationship to the signified or message.[17] Each of these tropes can be seen as seductive as they elicit a more active participation on the part of the addressee in the decoding of the message.[18]

Besides offering the enjoyment that simply comes from participating in a game, wits, "satirists, aphorists, and punsters provide the clever listener with the pleasure of perceiving new and unexpected identities."[19] Irony, in particular, is seductive in the compliment it bestows on the partner of the conversational exchange. "L'ironie fait ensemble honneur et crédit à la sagacité divinatoire de son partenaire; mieux encore! Elle le traite comme le véritable partenaire d'un véritable dialogue . . . l'ironie sollicite l'intellection; elle éveille en l'autre un écho fraternel, compréhensif, intelligent."[20] As irony requires a linguistic, generic, and ideological competence[21] on the part of the addressee, it also presumes a certain homology between, in this case, the epistolary partners. In a certain respect it can be said to be the perfect trope for underscoring a relational bonding.

Language can be comic when designedly misused, as it is when through ironic dissembling it is meant to be seen through. When Mme de Sévigné could say to her obviously adored daughter, "Je ne vous dis rien de mon amitié; c'est que je ne vous aime pas" (30.8.71), irony is clearly at play in its most basic antiphrastic form. In the following quotation several aspects of ironic playfulness are apparent:

> Racine a fait une tragédie qui s'appelle *Bajazet,* et qui relève la paille; vraiment elle ne va pas *empirando* comme les autres. M. de Tallard dit qu'elle est autant au-dessus des pièces de Corneille que celles de Corneille sont au-dessus de celles de Boyer. Voilà ce qui s'appelle louer; il ne faut point tenir les vérités captives. Nous en jugerons par nos yeux et par nos oreilles.

> "Du bruit de *Bajazet* mon âme importunée"

> fait que je veux aller à la comédie. Enfin, nous en jugerons. (13.1.72)

The grammatical barbarism which puns with the verb *empirer* stands in stark contrast to the announcement of a new Racinian tragedy with its conventionality of high style. *Relever* or *enlever la paille* was an expression which was already dated by the seventeenth century and offers another textual contrast to truly complimentary sentiments. That the Count of Tallard should be quoted by Mme de Sévigné as a reputable critic adds another layer of irony to the context, as Mme de Grignan would have well understood her mother's true opinion about modish young gentry as well as her sincere admiration for the plays of Corneille. To make an analogy between Racine and Corneille was for her as ludicrous as to compare Corneille to Boyer, an author respected more for his fecundity than for the quality of his dramatic productions. Knowing this, "voilà ce qui s'appelle louer" becomes completely subversive as the signified stands in direct opposition to signifiers. The discussion of *Bajazet* is terminated with a parody of another of Racine's plays, *Alexandre* (I,ii): "Du bruit de ses exploits, mon âme importunée."

Within this one example, then, can be seen each of the requisite competencies of the dialogic partner in the ironic game. Linguistic competence is
necessary in order to decipher the implicit meaning from the explicit statement. A generic competence presumes knowledge of literary and rhetorical
norms which constitute the canon or institutionalized literary heritage. The
most complex, ideological competence demands a social or extratextual
sophistication,[22] in this case, one which would identify Tallard, Boyer, and
the general public opinion.

When speech serves as disguise, the "voile de l'équivoque" is thrown over
the triadic structure, and the source of comic language lies in this very interference with the normal process of communication. As Molière himself stated
in the preface to *Tartuffe*: "[L]a plupart des contrariétés viennent de ne
pas entendre et d'envelopper dans un même mot des choses opposées. . . .[I]l
ne faut qu'ôter le voile de l'équivoque."[23] This ambiguity of comic words
or phrases demands a lucidity, an intelligence, which is able to distinguish
the letter from the spirit.

Both Molière and Mme de Sévigné discerned the fatal flaw in reasoning
which originates in the fact that the same thing may be understood in different
ways. At times this discernment converges textually when the Marquise uses
references from the comic playwright to unmask what she perceived to be
social disguises. Writing, for example, with irony about the pitiful economic
and political situation in Brittany, she reports: "Tous les villages contribuent
pour nourrir les troupes, et l'on sauve son pain en sauvant ses denrées. Autrefois on les vendait, et l'on avait de l'argent, mais ce n'est plus la mode, 'on a
changé tout cela'" (30.10.75). Those familiar with Molière's *Médecin malgré
lui*, a favorite of Mme de Sévigné judging from the fact that it is the play
from which she quotes most frequently, would have immediately imaged the
complementary situation where the ridiculous Sganarelle tells Géronte that
the heart is no longer on the left, nor the liver on the right side of the body
as formerly because: "Nous avons changé tout cela, et nous faisons mainte-
nant la médecine d'une méthode toute nouvelle" (II,iv).

Another frequently quoted point of convergence comes from Molière's
Tartuffe. Many are the times she cites Orgon's "le pauvre homme" (I,iv)
with the same heavy irony. A few such examples are the following:

Vous savez qu'on a donné à Monsieur de Condom l'abbaye de Rebais, qu'avait
l'Abbé de Foix: "le pauvre homme." (22.7.71)

J'ai ici le bon Abbé, qui vous honore toujours tendrement. . . . [N]ous sommes
venus sur la belle Loire avec des commodités infinies. J'avais soin de lui faire
porter une petite cave pleine du meilleur vin vieux de notre Bourgogne. Il prenait
cette boisson avec beaucoup de patience, et quand il avait bu, nous disions "le
pauvre homme!" car j'avais aussi trouvé l'invention de lui faire manger du potage
et du bouilli chaud dans le bateau. (18.5.80)

And with her own transposition:

> Cependant, à notre honneur, ma bonne, vous vous accommodez de votre place
> souveraine, exposée, brillante: "la pauvre femme"! (12.6.80)

Irony as a trope can share the "éthos moqueur" with parody and satire. As a trope it pertains to parody when there exists an intertextual reference. Satire is present when the reference is extratextual.[24] These references draw upon various competencies of the decoder of the communication, as has been discussed. The detection of the ironic trope *per se* calls for an intratextual perception. A closer look at another passage from the *Correspondance* may serve to illustrate these distinctions:

> J'ai tort, ma bonne; en vérité, c'est moi qui suis hérétique. J'offense les jésuites,
> et vous n'attaquez que le baptême; il n'y a point de comparaison. Vous souvient-il
> quand on défendait *Tartuffe* et qu'on jouait publiquement *Le Festin de Pierre*, et
> de ce que dit Monsieur le Prince? C'est que l'une ne voulait renverser que la reli-
> gion, mais l'autre offensait les dévots: *a l'applicazione, Signora.* Mais vraiment,
> j'ai bien d'autre chose à vous dire que des passages de Saint-Paul; j'ai à vous parler
> de la réception qu'on fit hier en cette ville à Mme la princesse de Tarente. (6.8.80)

For the uninitiated, the first sentence of this quotation could be conceived, in its ambiguity, as a humble admission of some offense with respect to religious belief. However, the intratextual opposition of *jésuite* and *baptême,* where the former is given more importance than the latter, quickly begins to make one aware of the ironic intent. This is further underscored by the hyperbolic *il n'y a point de comparaison.* Familiarity with Molière's *Tartuffe* and his *Dom Juan* or *Le Festin de Pierre,* i.e., an intertextual and extratextual knowledge, brings into awareness the juxtapositioning of hypocrisy and atheism.[25] When Mme de Sévigné refers to Saint Paul, again requiring an intertextual sophistication, she makes reference especially to his Epistle to the Colossians (3.9) and to another of her own letters (17.7.80) where she had discussed somewhat the same matter. That she *has* to speak about a social reception almost in preference to Scripture is, again, an intratextual indicator of the ironic intent of the passage. This interchange, which at the same time seduces and flatters the reader, is evidently a highly active one, an interaction between the author-encoder and the reader-decoder in and through the text. Could it not be said that the dynamism of this type of communication is most proper to the epistolary style whose intent is to engage in a real dialogue?

Being aspects of irony, the mock-heroic and the burlesque are therefore infractions of the rule of comprehensibility or the "principe de coopération." Being designed misuses of language, they, too, can pertain to the comic. With the distancing of the ironist, Mme de Sévigné can jokingly inflate with false dignity her own letters: "Voilà les grandes nouvelles de nos bois," she writes from Les Rochers, "je serais tentée de les faire mettre dans le *Mercure galant*" (21.6.80).

Following the fluctuating fortunes of those at Court, as she recounts them, is much like reading the serialized epic romances of her day. Like heroes on a battlefield, the noble sycophants bear their metaphorical wounds or medals, depending on the whim of the Sun King: "Vous avez ri de cette personne [Mme de Fontanges] blessée dans le service; elle l'est à un point qu'on la croit *invalide*" (14.7.80). Even a card game, if played by the right people, is the subject of a mock-heroic romance:

> Vous me demandez, ma bonne, ce qui a fait cette solution de continuité entre La Fare et Mme de La Sablière. C'est la bassette; l'eussiez-vous cru? C'est sous ce nom que l'infidélité s'est déclarée; c'est pour cette prostituée de bassette qu'il a quitté cette religieuse adoration. Le moment était venu que cette passion devait cesser et passer même à un autre objet. Croirait-on que ce fût un chemin pour le salut de quelqu'un que la bassette? (14.7.80)

Typically, Mme de Sévigné mingles the pious and the mundane, the *précieux* and a realistically conversational style.

Her health takes on a feigned importance when it is dignified by means of a parody of the *Carte du Tendre* and given reportage as one would give on the physical and political conditions of a country:

> Vous verriez, dans l'article de la vessie, que tout ce pays est dans une parfaite tranquillité, que les peuples sablonneux, qui avaient fait autrefois quelques entre-prises, font à présent leurs efforts en d'autres pays lointains, qu'on a reçu des lettres des extrémités de ce royaume, qui portent que les jambes ne furent jamais ni mieux faites, ni plus en état de servir, que les mains, qui sont sur les frontières, ne sont plus sujettes aux fantaisies des nerfs leurs voisins, ni aux vapeurs qui leur donnaient du secours, qu'enfin cet Etat serait un pays parfait si l'on y pouvait trouver la fontaine de Jouvence; voilà tout le malheur. Après cette ridicule gazette que vous m'avez demandée, je crois que vous devez avoir l'esprit en repos de ma santé. (2.11.89)

As discussed in the preceding chapter, Mme de Sévigné preferred a natural epistolary style, especially as compared with a "style à cinq sols" or a "style figé." The letters of Mme de Bagnols, to Mme de Sévigné's son, the Marquise considered to be a caricature of the correspondence she maintained with Mme de Grignan. "Elle les [the letters] dévalorise par un procédé burlesque, en opposant au romanesque des sentiments la situation incomfortable du héros qui les ressent, reprenant, par contraste, un autre thème de la convention romanesque (et non pas romantique), celle de la belle rêvant dans la nature."[26]

> La lettre est figée, comme je disais, avant que *la feuille qui chante* soit pleine; la source est entièrement sèche. On pâme de rire avec moi du style, de l'orthographe. Voici quelques traits que vous reconnaîtrez.

"Je pars enfin; quel voyage! Pour qui suis-je dans un état si violent?" Je lui répondrais bien: pour un ingrat. "J'ai reçu un billet de ma sœur aussi tendre que vous m'en devriez écrire; elle a l'esprit adouci par mon départ. J'ai été tout le jour triste, rêveuse, le cœur pressé, des soupirs, une langueur, une tristesse dont je ne suis point la maîtresse." Il me semble que c'est une chose toute désassortie que de porter dans cette diligence, que tous les diables emportent, une langueur amoureuse, une amour languissante. Le moyen d'imaginer qu'un état si propre à passer le jour dans un bois sombre, assise au bord d'une fontaine ou bien au pied d'un hêtre, puisse s'accommoder du mouvement immodéré de cette voiture? Il me paraît que la colère, la furie, la jalousie, la vengeance, serait bien plus convenable à cette manière d'aller.

"Mais enfin," dit-on, "j'ai la confiance de croire que vous pensez à moi. Hélas! si vous saviez l'état où je suis, vous me trouveriez un grand mérite pour vous, et vous me traiteriez selon mon mérite. Je commence déjà à souhaiter de retourner sur mes pas: je vous défie de croire que ce ne soit pas pour vous. Je ne sentirai guère la joie ni le repos d'arriver. Ayez au moins quelque attention à la vie que je vais faire. Adieu; si vous m'aimez, vous n'aimez pas une ingrate."

Voilà en l'air ce que j'ai attrapé, et voilà à quel style votre pauvre frère est condamné de faire réponse trois fois la semaine. (26.7.77)

As can be clearly seen in this selection, irony, whether by means of metaphor, litotes, hyperbole, the mock-heroic, or the burlesque, serves nicely as a wedge which pulls the mask of appearance away from the truth of reality, permitting a clearer view of the whole. When these two aspects are seen in contrast or opposition, the sense of *ridicule* is heightened in the comic perception of disproportion.

Gaillardise adds a specifically French spice to the notion of the comic. It is a trait which was found even in the diction of the *grandes dames* of the seventeenth century and in the letters of Mme de Sévigné, despite the efforts of early editors to suppress the seemingly unbecoming. It was particularly prevalent among those who frequented Anne Bigot, or as she was later to be known, Mme Cornuel. The second wife of the financier Guillaume Cornuel, she animated his home on the rue des Francs-Bourgeois with her malicious wit and tart one-liners. She was pretty, amusing, and coquettish, and her drawing room became celebrated as a tribunal of raillery and trenchant witticisms. That Mme de Sévigné appreciated the broad humor of Mme Cornuel is evident both from the references the Marquise makes to the notorious bourgeoise as well as from her own brand of wit, which drew from the same Gallic sources.

In one such reference Mme de Sévigné speaks of the lack of "sel" in the speech of one of Grignan's brothers, the Archbishop of Arles. This immediately calls to mind a *bon mot* of Mme Cornuel which was highly seasoned with *gaillardise*:

Vous me parlez bien plaisamment du Coadjuteur. Vous avez donc repris les libertés que nous prenions à Grignan; quel tourment nous lui faisions sur ces contes, que M. de Grignan disait qu'il pouvait porter partout sans craindre la gabelle. Jamais je n'ai vu un homme entendre si parfaitement bien raillerie. Mme Cornuel dit que M. de Ventadour, qui ne l'entend pas si bien, a mis un bon suisse à sa porte, en donnant à ce qu'on dit, une belle maladie à sa pauvre femme. (8.9.76)

Years later, writing to her cousin Philippe-Emmanuel, the *chansonnier,* she compliments him with a comparison to Mme Cornuel, who had died in 1694: "Si l'on peut passer d'un discours si triste à une bagatelle que vous avez mandée à Pauline, je vous dirai que nous en avons senti tout le sel; il nous semblait que Mme Cornuel était ressuscitée, ou qu'elle l'avait mandé de l'autre monde" (19.6.95).

But Mme de Sévigné did not need to resort to quotations from a piquant wit. She earned in her own right the epithet *guillerette.* As the *Muse historique* of 1660 related, she and some of her friends were refused admittance to the Prince of Harcourt's côterie for being too "loose in speech." That she derived pleasure from this means of expression she admits in the earliest days of her correspondence with Mme de Grignan: "Bonsoir, ma petite, nous sommes tristes; nous n'avons rien de gaillard à vous mander" (17.5.71). And she readily acknowledges her delight in this humor *à la gauloise*:

Nous avons ri aux larmes de cette fille qui chanta tout haut à l'église cette chanson gaillarde qu'elle se confessait avoir chantée ailleurs; rien au monde n'est plus nouveau ni plus plaisant. Je trouve qu'elle ne pouvait faire autrement; le confesseur la voulait entendre, puisqu'il ne se contentait pas de l'aveu qu'elle lui en avait fait. Je vois le bonhomme pâmé de rire le premier de cette aventure. Nous vous mandons souvent des folies, mais nous ne pouvons payer celle-là. (12.1.76)

The influence of Rabelais is apparent in her obvious knowledge of his works and in her allusions to his own special diction. She makes sport of the melody and words of Protestant hymns she hears when with her friend the Princess of Tarente by borrowing an expression of Panurge: "La bonne princesse alla à son prêche; je les entendais tous qui *chantaient des oreilles,* car je n'ai jamais entendu des tons comme ceux-là" (25.12.75). On another occasion an expression from Rabelais gives a comic turn to what would otherwise have been the flat verbalization of disdain for some young men: "Le comte du Lude est ici; il est duc. On ne s'attache point à trouver mauvais son retour, mais il y a de petits messieurs à la messe, à qui l'on voudrait bien donner d'une vessie de cochon par le nez" (7.8.75).[27] And the Rabelaisian "Fais ce que voudras" becomes the watchword for the regimen in her new Thélème, the Carnavalet mansion (8.10.88; 11.11.88).

Bussy-Rabutin had charged in his *Histoire amoureuse* that the Marquise was willing to listen to any witticism, no matter how crude or coarse, provided that it was suitably "packaged"; that in point of fact, Mme de Sévigné would even take the other person farther than he/she may have intended to go.[28] Indeed her letters to her cousin gave him every reason to make such a statement. Jokingly referring to an accident he suffered, she lets herself be carried away by the association of *corniche* and *cornes*:

> Mme d'Epoisses m'a dit qu'il vous était tombé une corniche sur la tête, qui vous avait extrêmement blessé. Si vous vous portiez bien, et que l'on osât dire de méchantes plaisanteries, je vous dirais que ce ne sont pas des diminutifs qui font du mal à la tête de la plupart des maris; ils vous trouveraient bien heureux de n'être offensé que par des corniches. Mais je ne veux point dire de sottises; je veux savoir auparavant comment vous vous portez, et vous assurez que, par la même raison qui me rendait faible quand vous aviez été saigné, j'ai senti de la douleur de celle que vous avez eue à la tête. Je ne pense pas qu'on puisse porter plus loin la force du sang. (6.6.68)

Even in the midst of their verbal duel over his portrait of her in the *Histoire amoureuse* and his accusations of her stinginess in not lending him money when requested, she makes ironic reference once again to this joke about the *cornes/corniches*: "Pour la plaisanterie des corniches, je n'y veux pas entrer. Je crois qu'on me doit être obligé de cette retenue, et encore plus de vouloir bien traiter de diminutif une chose qui pourrait l'être de superlatif" (28.8.68). The irony in her "reserve" was to be reflected in Bussy's ensuing response to this letter: "Vous ne voulez point, dites-vous, entrer dans les plaisanteries des corniches; il est vrai que vous en parlez avec bien de la réserve. Hé! bon Dieu! qu'en diriez-vous donc si vous étiez aussi mal satisfaite de la dame que moi?" (8.68).[29]

The Marquise shared with her cousin a passion for a broad and bold wit, and she never flinched from any subject in her letters no matter how audacious or scandalous. A frequent source of both pain and amusement was the sexual prowess, or lack thereof, of her son, Charles. Ninon Lenclos, the infamous courtesan, said that Charles, her one-time suitor, had "le cœur d'une citrouille fricassée dans la neige" (8.4.71). These words describing a tempered, emotive reserve could hardly refer to the letters of Charles's mother as "certaines de ses lettres sont loin d'être 'fricassées dans la neige.'"[30] She freely shares with Mme de Grignan Charles's attempts at seduction, successful or otherwise, as when she speaks of his courting Ninon or La Champmeslé, "la jeune merveille" of the seventeenth-century stage:

> Parlons un peu de votre frère; il a eu son congé de Ninon. Elle s'est lassée d'aimer sans être aimée. Elle a redemandé ses lettres, on les a rendues. J'ai été fort aise de cette séparation. . . . Mais ce n'est pas tout. Quand on rompt d'un côté, on croit se racquitter de l'autre; on se trompe. La jeune merveille n'a pas rompu, mais je crois qu'elle rompra. Voici pourquoi: mon fils vint hier me chercher du bout de Paris pour me dire l'accident qui lui était arrivé. Il avait trouvé une occasion favorable, et cependant oserais-je le dire? "Son dada demeura court à Lérida."[31]

Ce fut une chose étrange; la demoiselle ne s'était jamais trouvée à telle fête. Le cavalier en désordre sortit en déroute, croyant être ensorcelé. Et ce qui vous paraîtra plaisant, c'est qu'il mourait d'envie de me conter sa déconvenue. Nous rîmes fort; je lui dis que j'étais ravie qu'il fût puni par où il avait péché. Il s'est pris à moi, et me dit que je lui avais donné de ma glace, qu'il se passerait fort bien de cette ressemblance, que j'aurais bien mieux fait de la donner à ma fille. Il voulait que Pecquet [a doctor of their acquaintance] le restaurât. Il disait les plus folles choses du monde, et moi aussi. C'était une scène digne de Molière. (8.4.71)

Another area in which the Marquise indulged in free speech was that of pregnancy and childbirth. One such direct reference contains a metaphor which is not lacking in earthy wit: "Mais point de grossesse, mon cher Grignan, je vous en conjure tendrement; ayez pitié de votre aimable femme, laissez-le reposer comme une bonne terre. Si vous me le promettez, je vous aimerai de tout mon cœur" (1.11.71). With an allusion to Molière's *L'Ecole des femmes,* she counsels self-control: "J'embrasse mille fois M. de Grignan, malgré toutes ses iniquités. Je le conjure au moins que, 'puisqu'il fait les maux, il fasse les médecines,' c'est-à-dire qu'il ait un soin extrême de votre santé, qu'il soit le maître là-dessus, comme vous devez être la maîtresse sur tout le reste" (6.5.71). In fact the year 1671 is replete with such advice to both son-in-law and daughter: "Je vous prie, ma bonne, ne vous fiez point aux deux lits; c'est un sujet de tentation. Faites coucher quelqu'un dans votre chambre; sérieusement, ayez pitié de vous, de votre santé, et de la mienne" (23.12.71).[32]

Freely she jokes with her daughter about a portable bed which was to supply what roadside inns could not: "J'ai remercié mille fois Adhémar [Joseph de Grignan, brother-in-law of Mme de Grignan] de vous avoir prêté son lit. Nous ne voulûmes point examiner s'il n'eût pas été meilleur pour lui de troubler votre repos que d'en être cause; nous n'eûmes pas la force de pousser cette folie, et nous fûmes ravis de ce que le lit était bon" (11.2.71).

In Molière's *Le Misanthrope,* there is present a motif which weaves like a thread throughout many of his plays. It is that of the virtue and prudery which seems to come quite naturally to advancing years. As Dorine had done in *Tartuffe* (I,i), so Célimène of *Le Misanthrope* exposed this mask in unequivocable terms to the prude Arsinoé:

–Célimène: Madame, on peut, je crois, louer et blâmer tout,
Et chacun a raison suivant l'âge et le goût.
Il est une saison pour la galanterie;
Il en est une aussi propre à la pruderie;
On peut, par politique, en prendre le parti,
Quand de nos jeunes ans l'éclat est amorti:
Cela sert à couvrir de fâcheuses disgrâces.
Je ne dis pas qu'un jour je ne suive vos traces:

L'âge amènera tout, et ce n'est pas le temps,
Madame, comme on sait, d'être prude à vingt ans.

(III,iv)

But advancing years and an increasing preoccupation with her spiritual life do not efface completely from Mme de Sévigné her enjoyment of a hearty guffaw over a ribald story or situation. At the age of fifty-one and in the company of her friend Guitaut, they, having had a bit too much to 'drink, forward a mutual letter from Saulieu to Grignan. The Count of Guitaut writes:

Enfin nous nous séparons demain, et je commence à penser à vous, en quittant Mme de Sévigné, car tant que nous avons été ensemble, je n'ai fait qu'en parler, et je ne doute pas que les oreilles ne vous aient corné; c'est à vous à savoir laquelle, car nous en avons dit de toutes les façons. Je n'ai pu me résoudre à ne pas coucher encore cette nuit avec elle, et je la suis venu accompagner jusqu'au premier gîte. Enfin encore une fois, nous nous quittons à regret, ce me semble, mais nous nous reverrons dans peu, et si vous ne venez, nous vous irons voir de compagnie. . . . (29.8.77)

Further on in the same letter the Marquise adds:

Il est très sage, cet homme-ci. Cependant je lui disais tantôt, le voyant éveillé comme une potée de souris: "Mon pauvre monsieur, il est encore bien matin pour se coucher; vous êtes bien vert encore, mon ami. Il y a bien du vieil homme, c'est-à-dire de jeune homme en vous." Je m'en vais tout dire. Il ne faisait l'autre jour qu'une légère collation, car il voudrait faire pénitence, et il en a besoin; il m'échappe de l'appeler "Monsieur de Grignan" (ce nom se trouve naturellement au bout de ma langue): il s'écria d'un ton qui venait du fond de l'âme: "Eh! plût à Dieu!" Je le regardai et lui dis: "J'aimerais autant souper." Nous nous entendîmes; nous rîmes extrêmement. Dis-je vrai? Répondez. (29.8.77)

This letter is full of the purposefully risqué double meanings like the notorious "Ne vous a-t-il point pris, Agnès . . . ?" in L'Ecole des femmes (II,v).

As late as 1680 she speaks of the rather delayed lesson in sex education given to the Dauphin: "Le Roi instruisit en détail Monsieur le Dauphin de tout ce qu'il avait à faire, et fit une manière de géographie dont il se réjouit fort avec les courtisans" (22.3.80).[33]

The gaillardise of Mme de Sévigné was as integral to her personality as it was to her blood ties and to her ethnic roots. The gaulois inherent in Rabutinage was a "fagot à son esprit." Its source is found in the history of her French ancestry.

Another tendency of humeur gauloise is that of médisance or raillerie sans malice. In her discussion of préciosité, Eva Avigdor quotes from a *précieuse,* Mlle de Scudéry, who completes a prose portrait of Mme de Sévigné under the name of Clarinte in her novel, *Clélie*:

> Je n'ai jamais vu ensemble tant d'attraits, tant d'enjouement, tant de galanterie, tant de lumière, tant d'innocence et de vertu; et jamais nulle autre personne n'a su mieux l'art d'avoir de la grâce sans affectation, de la *raillerie sans malice,* de l'enjouement sans folie, de la propriété sans contrainte, et de la vertu sans sévérité.[34]

The qualification *sans malice* proves to be an interesting one in light of Pascal's own defense of *raillerie* in his *Onzième Lettre provinciale,* where he treats at length and in the name of charity the necessity of this type of humor for the curing of social ills:

> "Car la charité oblige quelquefois à rire des erreurs des hommes, pour les porter eux-mêmes à en rire et à les fuir," selon cette parole de saint Augustin. . . . La troisième règle, mes Pères, est que quand on est obligé d'user de quelques railleries, l'esprit de piété porte à ne les employer que contre les erreurs, et non contre les choses saintes; au lieu de l'esprit de bouffonnerie, d'impiété et d'hérésie, se rit de ce qu'il y a de plus sacré.[35]

The distinction which Pascal makes between *l'esprit de piété* which urges one to make sport of errors and excess and *l'esprit de bouffonnerie, d'impiété et d'hérésie* was and is an important one, since a lively condemnation of certain kinds of laughter was reflected in seventeenth-century literature.

Mme de Sévigné read and enjoyed Pascal's *Petites Lettres,* as she referred to them, feeling when reading them with friends great pleasure over that "chose rare de voir. . . ."

> Et comme on lui [Corbinelli] disait qu'il y avait peu de charité dans les *Petites Lettres,* il tira promptement le rôle de sa poche, et fit voir que c'est ainsi que dans tous les siècles on avait combattu les hérésies et les égarements. On lui dit qu'on se moquait des choses saintes; il lut en même temps la onzième de ces divines lettres, où l'on voit que ce sont eux [les jésuites] précisément qui se moquaient des choses saintes. Enfin cette lecture nous donna un extrême plaisir. Ce fut une chose rare de voir les convulsions de la prévention expirante sous la force de la vérité et de la raison. (6.8.77)[36]

In 1656 Mme de Sévigné had used the words *raillerie fine* to describe Pascal's style, and this qualification *fine* would be important to a true *précieuse*.[37] The *milieux précieux* was an exclusive group where an innate sense of *goût* was valued, that keen judgement which perceived the "je ne sais quoi" of the truly beautiful. This ability could be cultivated but not merely learned, as it was seen to be a property of the *esprit de finesse* which Pascal so admired, which counted for more than a heavy erudition, and which conferred a real distinction on those who aspired to nobility in matters of literary taste.[38]

Raillerie fine and *esprit de finesse*: the two elements come together in what has been termed by Saint-Simon as "l'esprit Mortemart."[39] This paradoxical wit was peculiar to the Mortemart family and was noted both for its lack of maliciousness as well as for its cruel mockery. At the heart of this sort of particular "tribal" language was the ability to seize the *ridicule* of a person-in-performance and to articulate this perception with that wit which combines the dissimilar in a clever and arresting verbal formulation.

Rabutinage, as has been discussed, encompasses this type of raillery which, because of its playfulness, excuses itself from the moral culpability of the purely base or mean. This familial language, like that of the Mortemart, was characterized by its free tone, familiar usages, pleasing *rapprochements,* and vivacious irony.[40]

Nothing escaped the penetrating observations of the Marquise de Sévigné. Though a Rabutin, she was closer in spirit to the verbal inventiveness of the "Coulanges wit," and although she frankly enjoyed sarcasm ("Ma bonne, je suis méchante; cela m'a réjouie" [30.3.71]) and could at times be cruel, she never indulged in the ruthlessly reductive ridicule of which the Mortemarts could be capable.[41] Even Mme de Grignan was not spared a teasing jibe when her mother wished to effect what she felt to be a salutary change in behavior. Not wanting Françoise-Marguerite to retain epistolary formalities, she admonishes, "Je hais les dessus de vos lettres où il y a: *Madame la marquise de Sévigné*; appelle-moi *Pierrot*" (30.12.71), highlighting the ridiculousness of the proposition with an allusion to Chancellor Pierre Séguier, the aged and, to her, hypocritical presiding magistrate of the Foucquet trial. Perpetually wanting Mme de Grignan to take better care of herself, she contrasts the daughter's lack of concern for her own well-being with her disproportionate anxiety over that of her child: "Vous avez eu la colique, vous avez eu la fièvre de votre lait, mais vous voilà quitte de tout. Votre fils a été trois heures sans pisser, à ce que me dit le Coadjuteur; vous étiez déjà toute épouvantée. Ah! vraiment, vous voilà bien plaisante avec votre amour maternel! quelle folie!" (6.12.71). Would this not seem to her readers to be a classical example of the proverbial "pot calling the kettle black"!

Those who were usually skewered with a more piquant raillery were those who were in any way troublesome to the Grignans. One such person was M. Forbin-Janson, the Bishop of Marseilles. Failing to see him among the mourners at Séguier's funeral, she maliciously reports:

Il y avait beaucoup de prélats. J'ai dit à Guitaut: "Cherchons un peu notre ami Marseille." Nous ne l'avons point vu; je lui ai dit tout bas: "Si c'était l'oraison funèbre de quelqu'un qui fût vivant, il n'y manquerait pas." Cette folie a fait rire Guitaut, sans aucun respect de la pompe funèbre. (6.5.72)

The textual incongruities in the words *notre ami / Marseille*—her true feelings were only too well known—and *oraison funèbre / quelqu'un vivant* ironically underscore the duplicitous and self-serving nature of this hypocritical churchman. With a parody of Boileau's *Satire I* ("J'appelle un chat un chat, et Rollet un fripon"), she compares Forbin-Janson, nicknamed by her "la Grêle," with the Intendant of Provence: "J'aime fort votre Intendant et sa réponse à ce brouillon; elle est d'un homme droit et franc, ennemi de toute dissimulation, 'Qui nomme un chat un chat et la *Grêle* un fripon'" (8.1.74).

His seemingly inordinate ambition, which caused him to try to spread his influence over a vast terrain, much like unwelcome and ubiquitous hail, also caused Forbin-Janson to seek a cardinal's red hat: "Je crois qu'il est fort occupé de la teinture de son chapeau. Dieu merci, il n'aura pas le nôtre [Retz's, who was related by marriage to the Marquise]; il est bien cloué sur une meilleure tête que la sienne" (24.11.75). And once again the target of her attack is reduced to size through metonomy.

Other men of the cloth come in for their share of her verbal darts. A life purportedly regulated by hours of devotion is seen to be in reality determined by a preoccupation with culinary interests:

Je disais autrefois du feu Monsieur de Rennes qu'il marquait les feuillets de son bréviaire avec des tranches de jambon; votre Valence ne mépriserait pas cette manière de signet. Aussi son visage était une vraie lumière de l'Eglise, et dès que midi était sonné, Monseigneur ne faisait plus aucune affaire. (31.8.89)

The Jesuits were alternately praised and railed. The Bishop of Autun had been considered by many of Mme de Sévigné's contemporaries to be the model for *Tartuffe*, so she writes: "M. l'évêque d'Autun ayant fait le panégyrique de M*** aux Jésuites qui avaient toute la musique de l'opéra; on dit à Paris que les jésuites avaient donné deux comédies en un jour: l'opéra et le *Tartuffe*" (24.4.72). Playing with the common view of Jesuits as persons endowed with a special gift for glib reasoning, she says: "Je vous admire, en vérité, d'être deux heures avec un jésuite sans disputer; il faut que vous ayez une belle patience pour lui entendre dire ses fades et fausses maximes" (6.10.80).

With one swift stroke and not a little national prejudice, this Frenchwoman strikes at the inconsistency of a nation calling itself Christian while delighting in a bloody spectacle known as a recreational pastime:

Cette reine d'Espagne est belle et grasse, le roi amoureux et jaloux sans savoir de quoi ni de qui; les combats des taureaux affreux. Deux Grands pensèrent y périr; leurs chevaux tués sous eux; très souvent la scène est ensanglantée. Voilà les divertissements d'un royaume chrétien; les nôtres sont bien opposés à cette destruction, et bien plus aisés à comprendre. (28.2.80)

Contrasting truth and the vagaries of imagination, she dismisses the excesses of Quietism with ironic hyperbole:

Ce M. Rousseau est un fou, avec sa Mme de La Rivière qui monte au ciel toute lumineuse; ce sont de leurs songes ordinaires et extraordinaires, à quoi ils font tant d'honneur qu'ils ont pensé en être embarrassés, car ils prenaient pour des vérités bien sérieuses tout ce qu'il plaisait à leur imagination de leur représenter. (21.9.89)

Later in the same letter she ridicules a prelate's headiness with his noble ancestry and consequent arrogant attitudes by pitting his religious beliefs against his daily behavior: "Je crois qu'il [the Bishop of Noyon] se contentera d'aller en paradis, et qu'il ne quittera point ces *canailles chrétiennes.* Je ne puis jamais croire que des gens d'un très bon esprit puissent jouer longtemps la comédie; c'est trop prendre sur soi" (21.9.89).

Inconsistency between profession and practice is this time the subject of a mutual joke now with reference to the spiritual daughters of Saint Teresa: "Vous m'avez réjouie en me parlant de ces carmélites dont les trois vœux sont changés en trois choses tout à fait convenables à des filles de sainte-Thérèse: l'intérêt, l'orgueil et la haine" (25.5.80).

The courtiers of Louis XIV were natural targets for *médisance,* so clearly evident were their preening extravagancies. Theirs was the lack of restraint of the fool traditionally decked out in yellow: "Toutes ces dames sont brunes, mais nous trouvons qu'il fallait bien du jaune pour les parer" (6.4.72). Even their expressions of feeling bore the stamp of falsity:

Le Grand Maître se rétablit doucement à Saint-Germain. Nos inquiétudes pour son mal ont été selon nos dates [according to the duration of acquaintance]: moi beaucoup, Mme de Coulanges un peu plus, et d'autres mille fois davantage. Il est vrai que l'on jouait si bien, et l'on cachait cette tristesse si habilement, qu'elle ne paraissait point du tout. Et l'on se livrait, pour mieux tromper, au martyre insupportable d'être à la cour, d'être belle et parée; en un mot, il n'y paraissait pas, non plus qu'à cette dévotion dont vous parliez un jour si follement à Mlle de Lestrange. On dit pourtant qu'il y avait des pleurs nocturnes essuyés par la pauvre K***, qui se cassait la tête contre les murs, et faisait très bien le devoir, tambour battant, d'une véritable amie. (1.3.80)

Women who suffered a loss of favor with the King were never too pitied: "Mme de Soubise est toujours enfermée chez elle. Elle dit qu'elle a la rougeole; on croit qu'elle durera quelque temps" (3.1.80); "Mme de Soubise n'est point encore sortie de son trou" (14.2.80). Mme de La Vallière threatened retirement in a convent, a threat which became the subject of much ridicule: "Mme de La Vallière ne parle plus d'aucune retraite; c'est assez de l'avoir dit. Sa femme de chambre s'est jetée à ses pieds pour l'en empêcher; peut-on résister à cela?" (15.12.73).

In one passage she shares the latest Court gossip, betraying her own attitude toward Mme de Montespan and her nieces, Mme de Nevers and Mlle de Thianges, by the very avoidance of their names: "J'ai vu des gens qui sont venus de la cour, et qui sont persuadés que la vision de Théobon est entièrement ridicule et que jamais la souveraine puissance de *Quanto* n'a été si bien établie. Elle se sent au-dessus de toutes choses, et ne craint non plus ses petites morveuses de nièces que si elles étaient charbonnées" (7.8.76).

Even as good and faithful a friend as d'Hacqueville elicited this *raillerie sans malice* when his zealous desire to keep his friends informed was carried to such extremes that he told them of events which were taking place in their own towns. She returns the "favor" by giving him "news" with which he must be familiar. She writes from Brittany:

> M. d'Hacqueville, de sa propre main (car ce n'est point dans son billet de nouvelles, qu'on pourrait avoir copié), me mande que M. de Chaulnes et les troupes sont arrivés à Rennes le samedi 12 octobre. Je le remercie de ce soin, et je lui apprends que M. de Pomponne se fait peindre par Mignard, mais tout ceci entre nous, car savez-vous bien qu'il est délicat et blond? (16.10.75)

> D'Hacqueville me mande que, pendant votre Assemblée, il ne vous laissera point manquer de nouvelles; je le remercie fort de ses soins. Il m'apprend que notre Parlement est transféré et qu'il y a des troupes à Rennes, mais de sa propre main. (23.10.75)

Echoing the backbiting of a Dorine or a Célimène, she refers to the newly acquired devotion of a man who had been part of the entourage of Condé and of the free society depicted in the *Histoire amoureuse*: "Je vis aussi Vineuil à Saumur. Il est dévot; c'est un sentiment qui est bien naturel dans le malheur et dans la vieillesse" (9.10.75).

With the lucid and unsentimental detachment of the ironic wit, Mme de Sévigné engages in that *raillerie* which evokes the classical type of laughter known as the "rire de supériorité" described by Morel:

> L'arme du rire peut s'employer suivant deux stratégies différentes. Elle peut constituer un effort de l'esprit pour prendre distance par rapport à ce qui, en fait, l'écrase. . . . Cette arme peut être aussi, et c'est la doctrine classique du rire aussi bien que celle que Pascal tire de l'Ecriture et des Pères de l'Eglise, une affirmation de supériorité sous le voile de l'ironie faussement admiratrice. Dans le premier cas, le rire est affectation de domination sur un adversaire qu'on sait invincible; dans le second, le rire est affectation d'infériorité cachant une relation de domination. C'est d'un côté Figaro ("Je m'empresse de rire de tout...") et de l'autre La Bruyère ("Homme admirable en effet...").[42]

Like the Pascal of the first ten of his *Petites Lettres*, Mme de Sévigné, with simple directness, exposes the contradictions and absurdities which she perceives in the society around her. This exposition, with its linguistic ingenuity and frequently affected hyperbole, provides an ironic reflection which delights and surprises.

What is specifically termed "fantaisie verbale" exists when language is used as gratuitous play. Here words are liberated from the sole purpose of communication and assume, as it were, a life of their own. This self-assertion of language is abundantly present in the literary productions of Rabelais and Molière. As Garapon has defined it generally, the "fantaisie verbale" of a text is constituted by "un jeu libéré du souci de la signification et placé sous le signe de la gratuité."[43]

Undeniably the purpose of the epistolary exchange between Mme de Sévigné and Mme de Grignan was to keep open channels of communication as a *supplément* to real physical presence. However, like the dramatist, conscious of pleasing the audience, the writer-in-performance intensely feared boring or alienating. "Il faut se consoler, et s'amuser en vous écrivant," writes the Marquise. And in the same letter, which happens to be the one which so skillfully detailed the Guitaut fire, she adds: "Voilà bien des *lanternes*, ma pauvre bonne. Mais toujours vous dire que je vous aime, que je ne songe qu'à vous, que je ne suis occupée que de ce qui vous touche, que vous êtes le charme de ma vie, que jamais personne n'a été aimée si chèrement que vous, cette répétition vous ennuierait" (20.2.71). Like Dorante of *La Critique de l'Ecole des femmes*, Mme de Sévigné seemed to query: "Je voudrais savoir si la grande règle de toutes les règles n'est pas de plaire" (vi).

"Fantaisie verbale" in the *Correspondance*, then, would seem to be those instances where the writer consciously permitted free rein to the signifier in order to let herself amuse and be amused. Laughter forms a bond which goes beyond the purely linguistic ability to relate. Like the "mysterious land of tears" of Saint-Exupéry's *Petit Prince*, a laugh shared reaches beyond the power of the message aspect of communication, which in itself can be the "source of much misunderstanding." "Il était bien juste, ma bonne, que ce fût vous la première qui me fissiez rire, après m'avoir tant fait pleurer" (11.2.71), stated the same woman who would shortly thereafter write: "Il me semble que je fais tort à mes sentiments, de vouloir les expliquer avec des paroles; il faudrait voir ce qui se passe dans mon cœur sur votre sujet" (25.2.71).

Compliments on epistolary style were meant to encourage correspondence ("Vous écrivez extrêmement bien; personne n'écrit mieux. Ne quittez jamais le naturel: votre tour s'y est formé, et cela compose un style parfait" [18.2.71]), as was the development of a secret code language which only mother and daughter were to understand. Such, for example, existed with the development of the culinary metaphor:

> Ne mettez point votre *pot-au-feu* si matin, craignez d'en faire un *consommé*. La pensée d'une *oille*[44] me plaît bien, elle vaut mieux qu'une viande seule. Pour moi, je n'y mets, comme vous, qu'une seule chose, avec de la chicorée amère. (10.10.73)

> Je voudrais bien savoir, ma chère bonne, comment vous vous portez. Je crains ce *pot-au-feu* que vous faites bouillir jour et nuit; il me semble que je vous vois vous creuser les yeux et la tête. Je vous souhaite une *oille* au lieu d'un *consommé*; un *consommé* est une chose étrange. (27.10.73)[45]

Code language was, in a sense, one form of liberation from strict adherence to the rules of communication. Parody, too, became liberty. Speaking of the use of parody in the theater, Robert Garapon says: "[I]l arrive assez souvent que la parodie et la fantaisie verbale se rejoignent."[46] Instead of the parody making constant reference to its literary model, it is used to make bold simplifications and ludicrous exaggerations. "Dans la mesure où la parodie est infidèle à elle-même et glisse à la pochade, elle a tendance à puiser à pleines mains dans les ressources qui lui offre la fantaisie verbale."[47]

The literary source which gave rise to numerous parodies in the letters of Mme de Sévigné was the theater of Molière. Typically in *comédie moliéresque,* words free themselves from the servitude of being merely messengers of meaning. Fancy rather than fact, poetry rather than realism, becomes the hallmark of verbal interchange.

Almost instinctively, phrases from the playwright come to the pen of the Marquise as she lets herself be led by a desire to render a passage more witty and pleasing. She tries to reassure her daughter that her health is restored and playfully distorts the meaning of "impure," as Sganarelle of *L'Amour médecin* had unintentionally distorted the implication of the doctor's diagnosis of the presence in his daughter of "impuretés" ("Ma fille est impure?" [II,ii]):

> Je n'ai pas entendu parler, depuis ce temps-là, de ce que nous croyons qui a causé tous mes maux; je crois en être entièrement quitte. Je ne renonce pas à me faire saigner, quand on le jugera à propos. La poudre du bonhomme pourra retrouver sa place aussi, quand je me serai rendue digne de son opération, car présentement, les eaux et la douche de Vichy m'ont si bien savonnée que je crois n'avoir plus rien dans le corps, et vous pouvez dire comme à la comédie: "Ma mère n'est point impure." (1.7.76)

Parody used to effect a ridiculous exaggeration is aparent in an allusion to *Le Médecin malgré lui,* where Sganarelle's wife, Martine, had responded to his pleading that she should leave him alone with: "Non, je veux demeurer pour t'encourager à la mort, et je ne te quitterai point que je ne t'aie vu pendu"

(III,ix). Mme de Sévigné describes a parallel situation: "Pour Mme de Coulanges, elle s'est signalée; elle a pris possession de ma personne. Elle me nourrit, elle me mène, et ne me veut pas quitter qu' 'elle ne m'ait vue pendue'" (6.5.80). Thinking that her daughter had announced to her the death of a M. du Janet, she makes a gross simplification of his presumed death and its causes in words which parody those of Géronte of *Les Fourberies de Scapain* ("Mais que diable alloit-il faire à cette galère?" [II,vii]): "Hélas! cette pauvre Mme du Janet sera-t-elle bien affligée? Pourquoi son mari ne demeurait-il pas paisiblement chez lui? qu'allait-il faire 'dans cette maudite galère'? La vie d'un homme est peu de chose; cela est bientôt fait" (23.11.89).

Puns, like parody, may play with meaning, thereby not pertaining directly to "fantaisie verbale." However, also like parody, puns may freely partake of a *joie communicative* which ignores the necessity of conveying any particular message. There are puns which would alert the reader to a specific attitude or feeling with respect to another, as Mme de Sévigné's pun on the name Forbin-Janson, the not-well-loved Bishop of Marseilles: "Nous trouvons que vous n'avez pas assez de noble confiance en la droiture de votre conduite, et un peu trop de peur des fourbes du Fourbin, desquelles nous avons parlé . . ." (10.2.72). In contrast, there are those which are Rabelaisian in their unrestricted play with sounds: "J'aime déjà ce chamarier de Rochebonne. C'est une *bonne roche* que celle dont vous me dépeignez son âme . . ." (16.8.71). Breton names, being cacophonous to the more refined French ear, are readily the butt of her punning: "Vous ai-je dit qu'il y avait des demoiselles à Vitré, dont l'une s'appelle Mlle de Croque-Oison [Kerquoison or de Kermoisan] et l'autre de Kerborgne? J'appelle la Plessis, Mlle de *Kerluche*. Ces noms me réjouissent" (19.7.71).[48]

By nature a strained or forced figure of speech, catachresis would seem to be a property of "fantaisie verbale." In a normal communicative interchange, the rule pertaining to "modalité," to the clarity of logic and reason, predominates. In a catachrestic image the imagination holds "center stage." To report "Nous trouvâmes là Mme du Plessis, deux demoiselles de La Rochefoucauld, et Gourville qui, avec un coup de baguette, nous fit sortir de terre un souper admirable" (8.7.72) adds a poetic tone to the relation of a fact but does nothing to render the message essentially more clear. The same could be said of a description of her friend Corbinelli's withdrawal from his usual sociability into the study and practice of an hermetical mysticism: "Je reviens à notre société. Corbinelli ne voulait point de nous les soirs; sa philosophie s'allait coucher" (2.5.89).

Colorful metaphors also allow the imagination to play freely with verbal constructs. From the earliest days of her *apprentissage* as a letter writer, Mme de Sévigné evidenced a penchant for this type of expression. To Gilles Ménage, a former tutor, she wrote: "C'est vous qui m'avez appris à parler de votre amitié comme d'une pauvre défunte . . . et croyez que je ne puis avoir plus de joie que de savoir que vous conservez pour moi l'amitié que vous m'avez promise, et qu'elle est ressuscitée glorieusement. Adieu" (June-July 1652). And to Bussy she bordered on being a "précieuse ridicule" with the following imagery: "J'ai reçu votre lettre, et je suis fort aise que les cendres du pauvre président aient réchauffé notre commerce" (7.5.70).

Undoubtedly, a comic element is added by employing these unusual metaphors. As a reader approaches the interpretation of poetry by wandering among possibilities on the paradigmatic axis, so the reader enters into the "fantaisie verbale" engendered by the *insolite* of the Marquise's fanciful imagery: "Il [Bussy] veut toujours marier sa fille avec le comte de Limoges; c'est la faim et la soif ensemble, mais la beauté du nom le charme" (15.12.73); "Les devoirs, les considérations nous font manger de la merluche toute notre vie pour manger du saumon après notre mort" (15.6.76). In one such sustained metaphor Mme de Sévigné loses herself in the amusement afforded by all the associations which surface in the metaphorical context:

> Le Coadjuteur a eu la colique. Il a fait encore deux pierres. Je lui écris des baga-telles. Je lui mande que ce n'est point pour accoucher que je lui prête mon apparte-ment, qu'il devait bien se contenter des deux enfants douloureux qu'il fit l'année passée, et dont je fus témoin et marraine; ce qu'il veut faire de cette cruelle fécon-dité, de cette race maudite qui étranglera peut-être son père, si on ne l'adoucit, si on ne la ménage. (1.6.89)

According to the communicative rule of "quantity," signifiers are kept to the amount requisite for the satisfactory completion of the message. "Fan-taisie verbale" flagrantly defies this dictum.

> Tandis que le langage se caractérise normalement par une stricte économie en vue d'une fin, la fantaisie verbale est essentiellement gaspillage. Le prodigue, à condition qu'il soit riche, arrive à assurer sa subsistance malgré sa prodigalité; de même, un texte qui fait la part belle à la fantaisie verbale peut fort bien signifier quelque chose; mais le sens ainsi fourni entre pour bien peu dans l'effet comique produit. . . .[49]

Such a pure celebration of the signifier is evident when the author savors through repetition the same words or sounds: "Vous avez frissonné de la fièvre de notre Abbé; je vous en remercie. Mais comme vous étiez seule à frissonner et que l'Abbé ne frissonnait point du tout, vous sentez bien que je n'ai point frissonné" (30.3.72). Again, borrowing the notion of "fagot" from Molière's *Médecin malgré lui*, Mme de Sévigné is this time carried forward by the word itself: "Je vous ai conté tous ces 'fagots,' ma bonne, comme ceux des Rochers, et comme vous me contez quelquefois les vôtres; que pourrions-nous conter si nous ne contions des 'fagots'? Il est vrai qu'il y a 'fagots et fagots,' et que les vôtres sont meilleurs que les miens" (4.9.80).

Playfully she teases the Chevalier de Grignan, the younger "Adhémar," on his hesitation to assume the appellation of his older brother:

> Vous savez comme je suis pour *Adhémar,* et que je voudrais le maintenir au péril de ma vie; mais je crains que nous ne soyons pas les plus forts. Pour la devise [for his regiment], elle est jolie:
>
> "Che peri, pur che m'inalzi."
>
> Voilà le vrai discours d'un *petit glorieux,* d'un petit ambitieux, d'un petit téméraire, d'un petit impétueux, d'un petit maréchal de France. (15.11.71)

In comic theater we laugh at more than the depiction of ridiculous characters themselves, at more than their spasmodic gestures. In the *Lettres* of Mme de Sévigné, "nous rions des mots eux-mêmes, de la fantaisie avec laquelle ils se heurtent, s'attirent, s'engendrent, se disposent en vertu d'une puissance autonome où la volonté propre du personnage qui parle n'a, semble-t-il, rien à voir. . . ."[50]

4

Scene: *Imposteur* Technique

Le ridicule est donc la forme extérieure et sensible que la providence de la nature a attaché à tout ce qui est déraisonnable, pour nous en faire apercevoir, et nous obliger à le fuir. Pour connoître ce ridicule, il faut connoître la raison dont il signifie le défaut, et voir en quoi elle consiste. Son caractère n'est autre, dans le fond, que la convenance, et sa marque sensible, la bienséance, c'est-à-dire le fameux *quod decet* des anciens: de sorte que la bienséance est, à l'égard de la convenance, ce que les Platoniciens disent que la beauté est à l'égard de la bonté, c'est-à-dire qu'elle en est la fleur, le dehors, le corps et l'apparence extérieure; que la bienséance est la raison apparente, et que la convenance est la raison essentielle. De là vient que ce qui sied bien est toujours fondé sur quelque raison de convenance, comme l'indécence sur quelque disconvenance, c'est-à-dire le ridicule sur quelque manque de raison.... [L]a disconvenance est l'essence du ridicule.[1]

The *Lettre sur l'Imposteur* contains the admission that it is a "discours du ridicule," an argument concerning the comic in which the term *ridicule* is defined as the visible and audible shape of what is unreasonable. This notion depends, of course, on an act of intelligent judgement, on a rather accurate perception of what constitutes the normatively reasonable. If by the concept "reasonable" one means that which is fitting or in accord with the nature of a thing or situation, then that which can be shown to be in contradiction with this true nature of an action or person is unreasonable. Hence it can become the source of a comic spectacle.[2]

In a society which valued an aesthetic sense of proportion and which developed a highly defined theatrical code of *bienséance,* the unseemly, indecorous, or disproportionate was immediately recognized by the spectator/reader as a violation of "la raison essentielle." A true wit or *esprit* would be on its judgement seat in its perception of the obvious *disconvenance* of unreason masquerading as reason.

As further stated in the *Lettre sur l'Imposteur*: "[S]i le ridicule consiste dans quelque disconvenance, il s'ensuit que tout mensonge, déguisement, fourberie, dissimulation, toute apparence différente du fond, enfin toute contrariété entre actions qui procèdent d'un même principe est essentiellement ridicule."[3]

Here the *dédoublement* of the person, whether by language, disguise, or both, is perceived to be so out of harmony with his/her true nature as to be ridiculous. The mask, or *paraître*, stands in an absurd relationship to the *être*, and these two facets of reality, when viewed simultaneously in their lack of equilibrium, become ludicrous.

The concept of scene for Molière became an anatomy of dissimulation or trickery, an exposition of the struggle between the deceiver and the deceived, "la peinture de la bêtise et de la ruse."[4] However, unlike the *commedia*, the rogue and the fool in a scene from one of Molière's plays may be aspects of a single personality. When there exists a stark contrast between words and actions, one's mind and reality, there is decidedly in evidence a "manque de raison . . . l'essence du ridicule." This unreasonable disproportion exists in the relationship between the mask and the face, and the plot or action is merely a means to expose and destroy that mask.

Both Molière and Mme de Sévigné could be termed "ironic contemplators," distanced observers of incongruous situations, words, and images. Both view things from that angle of perception which displays facets of the absurd against an assumption of the normal. Both offer the reader/spectator a poetic presentation of an abstract issue in concrete pictures.

Pivotal to the notion of scene, *ridicule* pertains to the unexpectedly incongruous, to something entirely unforeseen and surprising. This idea of the comic as the unreasonable may or may not cause laughter, but it does provide a critique of human activity at the point where it seems to conflict with judgement, reason, normality. Will G. Moore cites an example from Saint-Simon's description of the unfortunate affair at the funeral of the Grande Mademoiselle to illustrate this component of the French sense of the ridiculous:

> Il y arriva une aventure fort ridicule. Au milieu de la journée et toute la compagnie présente l'urne qui était sur une crédence et qui contenait les entrailles se fracassa avec un bruit épouvantable et une puanteur subite et intolérable. A l'instant voilà les dames les unes pâmées d'effroi les autres en fuite. Les hérauts d'armes, les feuillants qui psalmodiaient s'étouffaient aux portes avec la foule qui gagnait au pied. La confusion fut extrême. La plupart gagnaient le jardin et les cours. C'étaient les entrailles mal embaumées qui par leur fermentation avaient causé ce fracas.[5]

Here *ridicule* and irony converge. Like the parabasis of Greek comedy, irony stands apart, independent, and points to the discrepancies between an expectation and its fulfillment.

Some examples from the *Correspondance* of Mme de Sévingé serve to illustrate her affinity to *comédie moliéresque* as detailed in the *Lettres,* her use, like his, of irony as a comic weapon.

In the following selection both mother, Mme de Sévigné, and daughter, Mme de Grignan, through their epistolary exchange were playing roles in a game between stupidity and ruse. Here the egotistical Breton provincial,

Mlle du Plessis, easily fits the part of the fool while mother and daughter, with not a little mockery, tantalize her vanity in order to further expose the Breton's mask of pretension and hypocrisy:

Mlle du Plessis est toujours à un pas de moi. Quand je lis les douceurs que vous dites pour elle, j'en rougis comme du feu. L'autre jour la biglesse joua *Tartuffe* au naturel. Après avoir demandé à table "bœuve et moutonne" à La Mousse, elle tomba dans le malheur de mentir sur je ne sais quoi; en même temps, je la relevai et lui dis qu'elle était menteuse. Elle me répond en baissant les yeux: "Ah! oui, madame, je suis la plus grande menteuse du monde; je vous remercie de m'en avertir." Nous éclatâmes tous, car c'était du ton de Tartuffe: "Oui, mon frère, je suis un misérable, un vase d'iniquité," etc. Elle veut aussi se mêler quelquefois d'être sentencieuse et de faire la personne de bon sens; cela lui sied encore plus mal que son naturel. Vous voilà bien instruite des Rochers. (5.7.71)

The visible shape of the unreasonable is frequently personified for Mme de Sévigné in the person of "la" Marans. So much does this woman violate in word and action the normatively reasonable that her "audience" is brought to a direct verbalization of the inherent ridiculousness of her behavior. On one such occasion it is Mme de Sévigné's intimate friend, Mme de La Fayette, who does the unmasking:

Tout ce que vous me mandez de la Marans est divin, et des punitions qu'elle aura dans l'enfer. Mais savez-vous bien que vous irez avec elle, si vous continuez à la haïr; songez que vous serez toute l'éternité ensemble. Il n'en faut pas davantage pour vous mettre dans le dessein de faire votre salut. Je me suis avisée bien herueuse-ment de vous donner cette pensée; c'est une inspiration de Dieu. Elle vint l'autre jour chez Mme de La Fayette; M. de La Rochefoucauld y était, et moi aussi. La voilà qui entre sans coiffe. Elle venait d'être coupée, mais coupée en vrai fanfan; elle était poudrée, bouclée. Le premier appareil avait été levé, il n'y avait pas un quart d'heure. Elle était décontenancée, sentant bien qu'elle allait être improuvée. Mme de La Fayette lui dit: "Vraiment il faut que vous soyez folle; mais savez-vous bien, madame, que vous êtes complètement ridicule?" M. de La Rochefoucauld: "Ma mère, ha! par ma foi, mère [he jokingly called her "mother" as she referred to him as *mon fils*] nous n'en demeurerons pas là. Approchez un peu, ma mère, que je voie si vous êtes comme votre sœur que je viens de voir." Elle venait aussi d'être coupée. "Ma foi, ma mère, vous voilà bien." Vous entendez ces tons-là; et pour les paroles, elles sont d'après le naturel. Pour moi, je riais sous ma coiffe. Elle se décontenança si fort qu'elle ne put soutenir cette attaque; elle remit sa coiffe, et bouda jusqu'à ce que Mme de Schomberg la vint reprendre, car il n'y a plus de voiture que celle-là. Je crois que ce récit vous divertira. (22.4.71)

This woman, according to Mme de Sévigné and Mme de La Fayette, was rather notorious for her *faux pas* with respect to the requisite social proprieties or code of *bienséance*. She, therefore, made herself the subject of general ridicule: "Mme de La Fayette me mande qu'elle vous va écrire. Je crois qu'elle n'aura pas manqué de vous apprendre que la Marans entra l'autre jour chez la

Reine à la comédie espagnole, tout effarée, ayant perdu la tramontane dès le premier pas. Elle prit la place de Mme du Fresnoy; on se moqua d'elle, comme d'une folle très mal apprise" (11.11.71).

A comic scene, being more the poetic presentation of an attitude, or of that gulf that separates the mind from reality, depicts those who live more in their own fantasy worlds; these beings are the true "scene stealers." Ironically, Molière is said to have promulgated a theater of reason, and yet he seemed to have a keen understanding of irrationality. As René Bray states, "The power of his imagination gave him kinship with the vagaries he put on the stage. To create them, he had to sympathize with the irrational beings who populated his theatre. He was a poet: his creation is the proof."[6]

The same kind of sympathy mixed with raillery is present in Mme de Sévigné's portrayal of those who lived removed from reality. One such creature is Brancas, the *distrait*. His "occupational hazards" were always sure to provide the laughter which left reason refreshed:

> Bien du monde s'en va lundi comme moi. Brancas est parti. Je ne sais si cela est bien vrai; il ne m'a point dit adieu. Il croit peut-être l'avoir fait. Il était l'autre jour debout devant la table de Mme de Coulanges; je lui dis: "Asseyez-vous donc, ne voulez-vous pas souper?" Il se tenait toujours debout. Mme de Coulanges lui dit: "Asseyez-vous donc. —Parbleu! dit-il, Mme de Sanzei se fait bien attendre; je crois qu'on ne lui a pas dit qu'on a servi." C'était elle qu'il attendait; il y a environ cinq semaines qu'elle est à Autry. Nous en rîmes beaucoup. (13.5.71)

Pomenars was the type of individual whose unreason led him to minimize the real dangers to which he exposed himself. His attitude toward life bordered on *folie,* as he seemed willfully to place himself in life-threatening situations with the flippant nonchalance of an immortal god:

> L'autre jour Pomenars passa par ici. Il venait de Laval, où il trouva une grande assemblée de peuple; il demanda ce que c'était. "C'est, lui dit-on, que l'on pend en effigie un gentilhomme qui avait enlevé la fille de M. le comte de Créance."
>
> "Cet homme-là, Sire, c'était lui-même."[7]
>
> Il approcha. Il trouva que le peintre l'avait mal habillé; il s'en plaignit. Il alla souper et coucher chez le juge qui l'avait condamné. Le lendemain il vint ici, pâmant de rire; il en partit cependant dès le grand matin, le jour d'après. (11.11.71)

Some, however, elicited less sympathy and more mockery, especially when the choice of attitude sprang from personal vanity or illusions of grandeur. Mme de Brissac was one such person. Whatever she did or underwent took on dramatic proportions, and she made herself the prima donna of any circumstance in life:

Mme de Brissac avait aujourd'hui la colique. Elle était au lit, belle et coiffée à coiffer tout le monde. Je voudrais que vous eussiez vu ce qu'elle faisait de ses douleurs, et l'usage qu'elle faisait de ses yeux, et des cris, et des bras, et des mains qui traînaient sur sa couverture, et les situations, et la compassion qu'elle voulait qu'on eût. Chamarrée de tendresse et d'admiration, j'admirai cette pièce et je la trouvai si belle que mon attention a dû paraître un saisissement dont je crois qu'on me saura bon gré. Et songez que c'était pour l'abbé Bayard, Saint-Hérem, Montjeu et Plancy que la scène était ouverte. En vérité, vous êtes une vraie *pitaude.* [8] Quand je songe avec quelle simplicité vous êtes malade, le repos que vous donnez à votre joli visage, et enfin quelle différence! cela me paraît plaisant. (21.5.76)

The irony here is heightened by the use of theatrical terms, the consciousness Mme de Sévigné has of herself as spectator in this scene, and the use of repetition and alliteration, techniques which serve to add a humorous quality, to lighten the effect of the idea being expressed.

A few days later the Marquise continues in this same vein: "Après la pièce admirable de la colique, on nous a donné d'une convalescence pleine de langueur, qui est en vérité fort bien accommodée au théâtre; il faudrait des volumes pour dire tout ce que je découvre dans ce chef-d'œuvre des cieux. Je passe légèrement sur mille choses pour ne point trop écrire" (24.5.76).

Mme de Sévigné made several excursions into the province of Brittany during the years of correspondence with her daughter. Though much has been said, pro and con, regarding her own attitude toward the people of this region, one cannot help but be struck with the way she described the excessive wining and dining of the governors amidst the background of increasing poverty due to the taxes demanded by the King and the quartering of troops sent there after a consequent insurrection. In itself this situation could be said to be tragic, but the comic element consists in the very perception of extremes:

Il faut un peu que je vous dise des nouvelles de nos Etats pour votre peine d'être Bretonne. M. de Chaulnes arriva dimanche au soir, au bruit de tout ce qu'on en peut faire à Vitré. Le lundi matin, il m'écrivit une lettre et me l'envoya par un gentilhomme. J'y fis réponse par aller dîner avec lui. On mangea à deux tables dans le même lieu; cela fait une assez grande mangerie: il y a quatorze couverts à chaque table. Monsieur en tient une, Madame l'autre. La bonne chère est excessive; on reporte les plats de rôti comme si on n'y avait pas touché. Mais pour les pyramides du fruit, il faut faire hausser les portes. Nos pères ne prévoyaient pas ces sortes de machines, puisque même ils n'imaginaient pas qu'il fallût qu'une porte fût plus haute qu'eux. Une pyramide veut entrer, ces pyramides qui font qu'on est obligé de s'écrire d'un côté de la table à l'autre, mais ce n'est pas ici qu'on en a du chagrin; au contraire, on est fort aise de ne plus voir ce qu'elles cachent. Cette pyramide, avec vingt porcelaines, fut si parfaitement renversée à la porte que le bruit en fit taire les violons, les hautbois, les trompettes. (5.8.71)

This early reference only indicated the tip of the iceberg, as this contrasting of extremes was to become more pointedly and tragically obvious as the years progressed and the poverty increased. Concomitantly, the excess of the "cele-bration" of the King's "goodness" only seemed to increase.

The unexpected and the incongruous pertained to the comic, as described in the *Lettre sur l'Imposteur*, as well as to the ironic. Expectations of normalcy are frustrated; outcome does not correspond with event. Such a circumstance is described, for example, in the famous letters (24.4.71; 26.4.71) which relate the suicide of the King's chef, Vatel, who could not face what he considered to be the supreme dishonor of not having the perfect dinner ready for his sovereign at Chantilly. He deserved to die, he thought, as the fresh fish had not arrived on time!

A person's beguiling exterior becomes ironic when one expects to find the same beauty within that is found without:

> Il arriva l'autre jour ici le fils d'un gentilhomme d'Anjou que je connaissais fort autrefois. Je vis d'abord un beau garçon, jeune, blond, un justaucorps boutonné en bas, un bel air dont je suis affamée. Je fus ravie de cette figure, mais hélas! dès qu'il ouvrit la bouche, il se mit à rire de tout ce qu'il disait, et moi quasi à pleurer. (31.7.80)

So, too, an outwardly decorous reception, when viewed from the inside, with all its incongruous and not-so-decorous aspects, becomes ridiculous:

> M. le duc de Chaulnes envoya d'abord quarante gardes, avec le capitaine à la tête, faire un compliment; c'était à une grande lieue. Un peu après, Mme de Marbeuf, deux présidents, des amis de Mme la princesse de Tarente, et puis enfin M. de Chaulnes, Monsieur de Rennes, M. de Coëtlogon, de Tonquedec, de Beaucé, de Kercado, de *Crapodo*, de *Kenpart*, de *Keriquimini*; sérieusement un *drapello eletto*. On arrête, on baise, on sue, on ne sait ce qu'on dit. On avance, on entend des trompettes, des tambours; un peuple qui mourait d'envie de crier quelque chose. . . . Nous baisâmes tout, et les hommes et les femmes. Ce fut un manège étrange. . . . Sur la fin, on ne se séparait plus de la joue qu'on avait approchée; c'était une union parfaite: la sueur nous surmontait. (6.8.80)

One letter which was among those few eventually "nommée" (17.1.89) was that which came to be entitled the "Lettre des chevaliers." A much touted event for weeks prior to the actual date, this investiture of new members into the Order of the Holy Spirit conferred on its knights the distinctive insignia of a blue ribbon. The Count of Grignan had been admitted to the Order, but his official duties in Provence prevented him from attending this solemn ceremony on New Year's Day of 1689. The hilariously incongruous aspect of the actual occurrence contrasted sharply with the anticipation of awesome-ness and provides an excellent example of the notion of scene which has its essence in *ridicule*:

La cérémonie de vos *frères* fut donc faite le jour de l'an à Versailles. Coulanges
en est revenu. . . . Il m'a donc conté que l'on commença dès le vendredi, comme
je vous l'ai dit. Ceux-là étaient profès avec de beaux habits et leurs colliers, et de
fort bonne mine. Le samedi, c'étaient tous les autres. Deux maréchaux de France
étaient demeurés. Le maréchal de Bellefonds totalement ridicule, parce que, par
modestie et par mine indifférente, il avait négligé de mettre des rubans au bas
de ses chausses de page, de sorte que c'était une véritable nudité. Toute la troupe
était magnifique. M. de La Trousse des mieux. Il y eut un embarras dans sa
perruque qui lui fit passer ce qui était à côté assez longtemps derrière, de sorte
que sa joue était fort découverte. Il tirait toujours; ce qui l'embarrassait ne voulait pas venir; cela fut un petit chagrin. Mais, sur la même ligne, M. de Montchevreuil
et M. de Villars s'accrochèrent l'un l'autre d'une telle furie, les épées, les rubans,
les dentelles, tous les clinquants, tout se trouva tellement mêlé, brouillé,
embarrassé, toutes les petites parties crochues étaient si parfaitement entrelacées,
que nulle main d'homme ne put les séparer. Plus on y tâchait, plus on brouillait,
comme les anneaux des armes de Roger.[9] Enfin toute la cérémonie, toutes les
révérences, tout le manège demeurant arrêté, il fallut les arracher de force, et
le plus fort l'emporta. Mais ce qui déconcerta entièrement la gravité de la cérémonie, ce fut la négligence du bon d'Hocquincourt, qui était tellement habillé
comme les Provençaux et les Bretons que, ses chausses de page étant moins
commodes que celles qu'il a d'ordinaire, sa chemise ne voulut jamais y demeurer,
quelque prière qu'il lui en fît, car sachant son état, il tâchait incessamment d'y
donner ordre, et ce fut toujours inutilement, de sorte que Madame la Dauphine
ne put tenir plus longtemps les éclats de rire. Ce fut une grande pitié. La majesté
du Roi en pensa être ébranlée, et jamais il ne s'était vu, dans les registres de l'ordre,
l'exemple d'une telle aventure. Le Roi dit le soir: "C'est toujours moi qui soutiens
ce pauvre M. d'Hocquincourt, car c'était la faute de son tailleur." Mais enfin cela
fut fort plaisant. (3.1.89)

The comic spirit of *ridicule* teases and surprises. With feigned innocence it
leads one into its poetic realm, then begins to take the presumably normal
only to twist it, distort it into its extreme positions so that the spectator is
left with a refurbished concept of what constitutes the normatively reasonable.
This is the spirit which seems to describe best the French sense of wit of the
"Lettre des chevaliers" and in various other French art forms. A Ravel displays
such a comic tendency in a composition like *La Valse.* The listener is lured
by waltz rhythms and melodies into what seems to be a Viennese ballroom
resounding with lilting Strauss-like strains. There is a mounting volume of
sound which builds into an intense frenzy, bordering on chaos. Waltz rhythms
take on a relentless power as the music rushes toward its conclusion—a heavy
and ironic four beats of the drum.

The play metaphor as a paradigm for life is particularly appropriate to the
second half of the seventeenth century as questions concerning illusion and
reality were reflected in all literary genres. That this society was especially
enamored with the theater every student of theatrical history is aware. Not
only was this a society which produced the dramaturgical geniuses of a

Corneille, a Racine, and a Molière, to mention only the more prominent, but authors such as Descartes, Pascal, Retz, and La Rochefoucauld, who explored the vertiginous nature of the *paraître*. Many of the latter's wittily coined maxims alone bear testimony to this preoccupation: "Les seules bonnes copies sont celles qui nous font voir le ridicule des méchants originaux" (133); "Nous sommes si accoutumés à nous déguiser aux autres qu'enfin nous nous déguisons à nous-mêmes" (119).[10] The whole aesthetic code of *honnêteté* was built on the propriety of public miming.

The theatrical metaphor is one which is apt for analyzing even the nondramatic productions of the period. And it is a metaphor which asserts itself in the *Correspondance* of Mme de Sévigné. Life's more naturally "dramatic" moments almost demanded such a way of describing themselves. Such a moment is reflected in the Marquise's description of the final illness of her aunt, Mme de La Trousse:

> Je vous assure que, quoi que je voie au delà, cette dernière scène me coûtera bien des larmes. C'est un spectacle difficile à soutenir, quand on est tendre comme moi. Voilà, ma chère fille, où nous en sommes. Il y a trois semaines qu'elle nous donna à tous congé, parce qu'elle avait encore un reste de cérémonie, mais présentement que le masque est ôté, elle nous a fait entendre, à l'Abbé et à moi, en nous tendant la main, qu'elle recevait une extrême consolation de nous avoir tous deux dans ces derniers moments. Cela nous creva le cœur, et nous fit voir qu'on joue long-temps la comédie, et qu'à la mort on dit la vérité. (24.6.72)

Death and its temporary foretaste in separations lend themselves to this imagery, as when the excitement over the proposed marriage of Lauzun to the Grande Mademoiselle undergoes an unhappy *péripétie*, the King having been persuaded that his consent would give approbation to a misalliance which could damage his reputation:

> Vous savez présentement l'histoire romanesque de Mademoiselle et de M. de Lauzun. C'est le juste sujet d'une tragédie dans toutes les régles du théâtre. Nous en réglions les actes et les scènes l'autre jour; nous prenions quatre jours au lieu de vingt-quatre heures, et c'était une pièce parfaite. Jamais il ne s'est vu de si grands changements en si peu de temps; jamais vous n'avez vu une émotion si générale; jamais vous n'avez ouï une si extraordinaire nouvelle. M. de Lauzun a joué son personnage en perfection. Il a soutenu ce malheur avec une fermeté, un courage, et pourtant une douleur mêlée d'un profond respect, qui l'ont fait admirer de tout le monde. Ce qu'il a perdu est sans prix, mais les bonnes grâces du Roi, qu'il a conservées, sont sans prix aussi, et sa fortune ne paraît pas déplorée. Mademoiselle a fort bien fait aussi. Elle a bien pleuré. Elle a recommencé aujourd'hui à rendre ses devoirs au Louvre, dont elle avait reçu toutes les visites. Voilà qui est fini. Adieu. (24.12.70)

Life, however, does not always follow the nicely structured rules of a well-balanced play. Truth does not always have the proportions of the true-seeming, and even the latter, as La Rochefoucauld well knew, requires a consummate skill to maintain. Like Molière, and with an eye and a wit for *ridicule,* Mme de Sévigné saw the scene to be made when the rule of *bienséance* was transgressed and when the unexpected turn of events caused masks of conventional behavior to crack under the force of nature's less-tamed and tameable emotions:

> Les acteurs étaient les maîtres du logis, Monsieur de Troyes, Monsieur de Toulon, le P. Bourdaloue, son compagnon, Despréaux et Corbinelli. On parla des ouvrages des anciens et des modernes. Despréaux soutint les anciens, à la réserve d'un seul moderne qui surpassait, à son goût, et les vieux et les nouveaux. Le compagnon du Bourdaloue qui faisait l'entendu, et qui s'était attaché à Despréaux et à Corbinelli, lui demanda quel était donc ce livre si distingué dans son esprit. Il ne voulut pas le nommer. Corbinelli lui dit: "Monsieur, je vous conjure de me le dire, afin que je le lise toute la nuit." Despréaux lui répondit en riant: "Ah! monsieur, vous l'avez lu plus d'une fois, j'en suis assuré." Le jésuite reprend, et presse Despréaux de nommer cet auteur si merveilleux, avec un air dédaigneux, un *cotal riso amaro.* Despréaux lui dit: "Mon père, ne me pressez point." Le Père continue. Enfin Despréaux le prend par le bras, et le serrant bien fort, lui dit: "Mon Père, vous le voulez. Eh bien! c'est Pascal, morbleu! –Pascal, dit le Père tout rouge, tout étonné, Pascal est beau autant que le faux peut l'être. –Le faux, dit Despréaux, le faux! sachez qu'il est aussi vrai qu'il est inimitable; on vient de le traduire en trois langues." Le Père répond: "Il n'en est pas plus vrai pour cela." Despréaux s'échauffe là-dessus, et criant comme un fou; "Quoi? mon Père, direz-vous qu'un des vôtres n'ait pas fait imprimer, dans un de ses livres, qu'un chrétien n'est pas obligé d'aimer Dieu? Osez-vous dire que cela est faux? –Monsieur, dit le Père en fureur, il faut distinguer. –Distinguer, dit Despréaux, distinguer, morbleu! distinguer, distinguer si nous sommes obligés d'aimer Dieu!" et, prenant Corbinelli par le bras, s'enfuit au bout de la chambre; puis revenant, et courant comme un forcené, il ne voulut jamais se rapprocher du Père et s'en alla rejoindre la compagnie, qui était demeurée dans la salle où l'on mange. Ici finit l'histoire; le rideau tombe. (15.1.90)

There are dangers contingent on "playing" life as if it were a series of scenes on a stage. The consequent risk, run by any actor in a poor theatrical performance, is that of suffering the hisses and boos of a perspicacious audience:

> La Marans était l'autre jour seule en mante chez Mme de Longueville; on sifflait dessus. Langlade vous mande qu'une autre fois, en vue de vous plaire, il la releva bien de sentinelle sur des sottises qu'elle lui disait, et qu'il vous eût bien souhaitée derrière la porte; plût à Dieu que vous y eussiez été! Mme de Brissac était inconsolable chez Mme de Longueville, mais, par malheur, le comte de Guiche se mit à causer avec elle; elle oublia son rôle, aussi bien que celui du désespoir le jour de la mort [of the Princess of Conti], car il fallait qu'en un certain endroit elle eût perdu connaissance; elle l'oublia, et reconnut fort bien des gens qui entraient. (12.2.72)

A person who lacks a strong sense of self runs the risk of going through life donning a series of masks, playing in a variety of scenes, without any inner coherence. Tragic? Yes, except to that angle of perception which ferrets out the *ridicule* of such a dichotomy with the personality:

> La divine Plessis est justement et à point toute fausse; je lui fais trop d'honneur de daigner seulement en dire du mal. Elle joue toutes sortes de choses; elle joue la dévote, la capable, la peureuse, la petite poitrine, la meilleure fille du monde, mais surtout elle me contrefait, de sorte qu'elle me fait toujours le même plaisir que si je me voyais dans un miroir qui me fît ridicule, et que je parlasse à un écho qui me répondît des sottises. J'admire où je prends celles que je vous écris. (19.7.71)

The choice of this comic perception of the theater of life makes possible the transformation of even potentially death-dealing forces, like jealousy, into the subject of an intrigue worthy of the *commedia*:

> M. Dangeau jouit à longs traits du plaisir d'avoir épousé la plus belle, la plus jolie, la plus jeune, la plus délicate et la plus nymphe de la cour [Sophie-Marie, daughter of Ferdinand-Charles, Count of Lowenstein-Rochefort, and of Anne-Marie, daughter of Egon, Count of Furstenberg]:
>
> > "Oh! trop heureux d'avoir une si belle femme!"[11]
>
> Il en faut croire Molière. L'endroit le plus sensible était de jouir du nom de *Bavière,* d'être cousin de Madame la Dauphine, de porter tous les deuils de l'Europe par parenté; enfin rien ne manquait à la suprême beauté de cette circonstance. Mais comme on ne peut pas être entièrement heureux en ce monde, Dieu a permis que Madame la Dauphine ayant su que cette jolie personne avait signé partout *Sophie de Bavière,* s'est transportée d'une telle colère que le Roi fut trois fois chez elle pour l'apaiser, craignant pour sa grossesse. Enfin tout a été effacé, rayé biffé, Monsieur de Strasbourg ayant demandé pardon, et avoué que sa nièce est d'une branche égarée et séparée depuis longtemps, et rabaissée par de mauvaises alliances, qui n'a jamais été appelée que *Lowenstein.* C'est à ce prix qu'on a fini cette brillante et ridicule scène, et en promettant qu'elle ne serait point Bavière, ou qu'autrement ils ne seraient pas cousins. . . . Vous pouvez penser comme les courtisans charitables sont touchés de cette aventure. Pour moi, j'avoue que tous ces maux qui viennent par la vanité me font un malin plaisir. (3.4.86)

The apparently spontaneous recurrence of theatrical terminology in Mme de Sévigné's *Lettres* evidences the adoption on her part of the contemporary outlook which such terminology implies.[12] The theatrical metaphor is not so much a conscious rhetorical device as it is an example of a linguistic construct betraying an unconscious *mentalité.*

Another aspect of the conflict between illusion and reality is present in the idealistic conception of life as depicted in the novels of the day. The *précieux* milieu found in these literary works a depiction of life as they would wish it to be. It is no small wonder, then, that these same *précieuses* admired the theatrical idealism of Corneille, whose characters had so much in common with those of the novel.

Between the theater and the novel in the seventeenth century, there exists a rapport which goes further than an affinity of theme and characters, of great passions and emotions. In both, a language is found which is able to discern and give expression to these feelings.[13] This post-Fronde society suffered a profound disillusionment and, traumatized, lost a sense of self. It looked to book and stage to provide an alternative existence and one which came eventually to supplant a reality that seemed at best demeaning and dull.

It was not left to the theater *per se* to create an illusion. One played at living another life by inventing imaginary situations. People were even given new names to correspond to this new "existence," as is evidenced, for example, in the *portraits*.

The transference of the mundane to a more lofty register could take an ironic twist when related by one who saw the inherently comic incongruities between the everyday and the extraordinary. Mme de Sévigné, in the following account, transforms the victim of a dog-bite into a mythological beauty. In so doing she satirizes the extremes of this precious tendency and debases through parody the would-be heroine:

> Au reste, si vous croyez les filles de la Reine enragées, vous croirez bien. Il y a huit jours que Mme de Ludres, Coëtlogon, et la petite de Rouvroy furent mordues d'une petite chienne, qui était à Théobon. Cette petite chienne est morte enragée; de sorte que Ludres, Coëtlogon et Rouvroy sont parties ce matin pour aller à Dieppe, et se faire jeter trois fois dans la mer [the accepted preventive to rabies at that time]. . . . Ne trouvez-vous point, ma bonne, que Ludres ressemble à Andromède? Pour moi, je la vois attachée au rocher, et Tréville sur un cheval ailé, qui tue le monstre. "Ah, Jésus! matame te Crignan, l'étranse sose t'être zettée toute nue tans la mer." (13.3.71)

Not quite a month later she again saw the queen of this adventure, and not forgetting the mythological context, she maliciously adds to the scene:

> J'ai vu Mme de Ludres. Elle me vint aborder avec une surabondance d'amitié qui me surprit. Elle me parla de vous sur le même ton, et puis, tout d'un coup, comme je pensais répondre, je trouvai qu'elle ne m'écoutait plus, et que ses beaux yeux trottaient par la chambre; je le vis promptement, et ceux qui virent que je le voyais me surent bon gré de l'avoir vu, et se mirent à rire. Elle a été plongée dans la mer. La mer l'a vue toute nue, et sa fierté en est augmentée; j'entends de la mer, car pour la belle, elle en était fort humiliée. (1.4.71)

The modern Andromeda, probably looking for her Perseus-Tréville, all too quickly dropped her mask of affection for Mme de Sévigné—an inconsistency of behavior which made her the subject of bemused sniggers.

Love as a motif runs the literary gamut. Like Marivaux, who later would have the amorous struggles of the *jeune premier/première* be mirrored in those of the servants, this passage of the *Correspondance* sees in the adventures of the gardner's widow both literary analogies as well as a *dédoublement* of the Marquise and her daughter. In a letter of May 30, 1672, Mme de Sévigné had reported:

> Si vous ne trouvez pas cette tête-là assez renversée [her account of a devotee who stabbed himself several times in order to do some "penance"], vous n'avez qu'à le dire; je vous donnerai celle de Mme Paul, qui est devenue éperdue, et s'est amourachée d'un grand benêt de vingt-cinq ans ou vingt-six ans, qu'elle avait pris pour faire le jardin. Vraiment il a fait un beau ménage; cette femme l'épouse. Ce garçon est brutal; il est fou. Il la battra bientôt; il l'a déjà menacée. N'importe, elle en veut passer par là. Je n'ai jamais vu tant de passion. Ce sont tous les plus violents sentiments qu'on puisse imaginer. Mais ils sont croqués, comme les grosses peintures. Toutes les couleurs y sont, il n'y aurait qu'à les étaler. Je me suis extrêmement divertie à méditer sur ces caprices de l'amour. (30.5.72)

However, it is the dénouement which becomes more *romanesque* in its ironic turn of events:

> Mais la femme de maître Paul est outrée; il s'est trouvé une anicroche à son mariage. Elle devient fort bien fontaine. Son grand benêt d'amant ne l'aime guère; il trouve Marie [Mme Paul's daughter] bien jolie, bien douce. Ma bonne, cela ne vaut rien. Je vous le dis franchement: je vous aurais fait cacher, si j'avais voulu être aimée. Ce qui se passe ici est ce qui fait tous les romans, toutes les comédies, toutes les tragédies,
>
> > "In rozzi petti
> > Tutte le fiamme, tutte le furie d'amor."[14]
>
> Il me semble que je vois un de ces petits Amours, qui sont si bien dépeints dans le prologue de l'*Aminte,* qui se cachent et qui demeurent dans les forêts. Je crois, pour son honneur, que celui-là visait à Marie. Mais le plus juste s'abuse; il a tiré sur la jardinière et le mal est incurable. Si vous étiez ici, cet original grossier vous divertirait extrêmement. Pour moi, j'en suis occupée, et j'emmène Marie, afin de ne point couper l'herbe sous le pied de sa mère. Ces pauvres mères! (2.6.72)

Life at Court took on particularly dramatic and romantic proportions, as in the following account of the engagement of an illegitimate daughter of Louis XIV and Mme de La Vallière to a prince of the house of Condé:

> La cour est toute réjouie du mariage de M. le prince de Conti et de Mlle de Blois; ils s'aiment comme dans les romans. Le Roi s'est fait un grand jeu de leur inclination. Il parla tendrement à sa fille, et qu'il l'aimait si fort qu'il n'avait point voulu l'éloigner de lui. La petite fut si attendrie et si aise qu'elle pleura, et le Roi lui dit qu'il voyait bien que c'est qu'elle avait de l'aversion pour M. le prince de Conti. Elle redoubla ses pleurs; son petit cœur ne pouvait contenir tant de joie. Le Roi conta

cette petite scène, et tout le monde y prit plaisir. Pour M. le prince de Conti, il était transporté. Il ne savait ni ce qu'il disait ni ce qu'il faisait; il passait par-dessus tous les gens qu'il trouvait en son chemin, pour aller trouver Mlle de Blois. Mme Colbert ne voulait pas qu'il la vît, que le soir.[15] Il força les portes, et se jeta à ses pieds et lui baisa la main; elle, sans autre façon, l'embrassa, et la revoilà encore à pleurer. Cette bonne petite princesse est si tendre et si jolie que l'on voudrait la manger. Le comte de Gramont fit ses compliments, comme les autres, au prince de Conti: "Monsieur, je me réjouis de votre mariage. Croyez-moi, ménagez le beau-père, ne chicanez point, ne prenez point garde à peu de chose avec lui, vivez bien dans cette famille, et je vous réponds que vous vous trouverez fort bien de cette alliance." Le Roi se réjouit de tout cela, et marie sa fille, en faisant ses compliments, comme un autre, à Monsieur le Prince, à Monsieur le Duc et à Madame la Duchesse, demandant son amitié à cette dernière pour Mlle de Blois, disant qu'elle serait trop heureuse d'être souvent auprès d'elle, et de suivre un si bon exemple. Il se réjouit à donner des transes au prince de Conti. Il lui fait dire que les articles ne sont pas sans difficulté, qu'il faut remettre l'affaire à l'hiver qui vient. Là-dessus, le prince tombe comme évanoui; la princesse l'assure qu'elle n'en aura jamais d'autre. Cette fin s'écarte un peu dans le roman; mais dans la vérité il n'y en eut jamais un si joli. (27.12.79)

It is interesting to note in this selection how the King, as master actor and director, took delight in staging his own little playlets. There is also evident a *mise en abîme* of spectators: those who listened to the King's retelling of his "petite scène," those who witnessed the whole affair as it transpired at Court, Mme de Sévigné, Mme de Grignan as reader/audience of her mother's relation of events, and even granddaughter Pauline, for Mme de Sévigné closed this account with the words: "Vous pouvez penser comme ce mariage, et la manière dont le Roi le fait, donnent de plaisir en certain lieu [Mme de La Vallière, now in a Carmelite convent and, antithetically, Mme de Montespan, Louis XIV's more recent mistress]. Voilà, ma fille, bien des détails pour divertir Mlle de Grignan" (27.12.79).

War, like love, was often fictionalized. In this description of the political scene, the countries in question are personified and placed on the stage of a *commedia*:

On a fait une assez plaisante folie de la Hollande. C'est une comtesse âgée d'environ cent ans;[16] elle est bien malade; elle a autour d'elle quatre médecins: ce sont les rois d'Angleterre, d'Espagne, de France et de Suède. Le roi d'Angleterre lui dit: "Montrez la langue: ah! la mauvaise langue!" Le roi de France tient le pouls et dit: "Il faut une grande saignée." Je ne sais ce que disent les deux autres, car je suis abîmée dans la mort [of her aunt]. Mais enfin, cela est assez juste et assez plaisant. (27.6.72)

Like a rose which is a rose under any other name, so an illusion is an illusion whether it be in the theater or in a novel. Life lived out of the imagination slips easily from stage to book. The mixture of theatrical and fictional vocabulary attests to the close alignment of these two literary genres in the minds of this society. *Scène* and *tome* both bespeak an idealized existence and, consequently, one which can be replete with material for *ridicule*.

As Molière created a Harpagon who was torn between money and marriage, so Mme de Sévigné depicts Mme de Lavardin, making her the subject of a serialized romance fitting to be staged and the victim of a do-gooder childless widow, Mme de Moussy:

> Je vous envoie un billet de Mme de Lavardin où vous verrez tout ce qu'elle pense. Je serais tentée de vous envoyer une grande lettre de Mme de Moussy, où elle prend plaisir à me conter tout ce qu'elle fait pour cette noce. Elle me choisit, plutôt qu'une autre, pour me faire part de sa conduite; elle a raison. Ce second tome est digne d'admiration à ceux qui ont lu le premier. Elle prend plaisir à combler M. de Lavardin de ses générosités par l'usage qu'elle fait du souverain pouvoir qu'elle a sur sa mère. Elle fait donner mille louis pour des perles; elle a fait donner tous les chenets, les plaques, chandeliers, tables et guéridons d'argent qu'on peut souhaiter, les belles tapisseries, les beaux vieux meubles, tout le beau linge et robes de chambre du marié, qu'elle a choisis. Son cœur se venge par les bienfaits, car sans elle, c'eût été une noce de village. Elle a fait donner des terres considérables. Et pour comble de biens, elle fera qu'ils ne logeront point avec elle; cette mère est impérieuse, et d'une exactitude sur les heures qui ne convient point à de jeunes gens. Elle m'étale avec plaisir toute sa belle âme, et j'admire par quels tours et par quels arrangements il faut que Mme de Moussy serve au bonheur de M. de Lavardin. L'envie d'être singulière, et d'étonner par des procédés non communs, est, ce me semble, la source de bien des vertus. Elle me mande que si j'étais à Paris, elle serait contente parce que je l'entendrais, que personne ne comprend ce qu'elle fait, qu'au reste, je pâmerais de rire de voir les convulsions de Mme de Lavardin quand, par la puissance de l'exorcisme, elle fait sortir de chez elle le démon de l'avarice; elle en demeure tout abbatue comme les filles de Loudun. Je comprends que c'est une assez agréable scène. (12.6.80)

Play and romance merge in the following account of the abduction of Mlle de Vaubrun from her convent by Henri de Béthune, the Count of Selles.[17] Allusions to both genres lend an air of unreality to an event which was perceived as tragically true by all observers. More like an episode from a Dumas novel or from the baroque theater than one from the classically restrained era of the Sun King, it highlights how the *vrai* could be less acceptable than the *vraisemblable*:

> Ecoutez un peu ceci, ma bonne. Connaissez-vous M. de Béthune, le *berger extravagant* de Fontainebleau, autrement *Cassepot*? Savez-vous comme il est fait? Grand, maigre, un air de fou, sec, pâle, enfin comme un vrai *stratagème*.[18] Tel que le voilà, il logeait à l'hôtel de Lyonne avec le duc, la duchesse d'Estrées, Mme de Vaubrun et Mlle de Vaubrun. Cette dernière alla, il y a deux mois, à Sainte-Marie du faubourg Saint-Germain; on crut que c'était le bonheur de sa sœur qui faisait cette religieuse et qu'elle aura tout le bien. Savez-vous ce que faisait ce *Cassepot* à l'hôtel de Lyonne? L'amour, ma bonne, l'amour avec Mlle de Vaubrun. Tel que je vous le figure, elle l'aimait. Benserade dirait là-dessus, comme de Mme de Ventadour qui aimait son mari [notoriously ugly and debauched]: "Tant mieux, si elle aime

celui-là, elle en aimera bien un autre." Cette petite fille de dix-sept ans a donc aimé ce *don Quichotte,* et hier il alla, avec cinq ou six gardes de M. de Gêvres [governor of Paris since 1687], enfoncer la grille du couvent avec une bûche et des coups redoublés. Il entra avec un homme à lui dans ce couvent, trouve Mlle de Vaubrun qui l'attendait, la prend, l'emporte, la met dans un carrosse, la mène chez M. de Gêvres, fait un mariage sur la croix de l'épée, couche avec elle, et le matin, dès la pointe du jour, ils sont disparus tous deux, et on ne les a pas encore trouvés. En vérité, c'est là qu'on peut dire encore:

"Agnès et le corps mort s'en sont allés ensemble."[19]

Le duc d'Estrées crie qu'il a violé les droits de l'hospitalité. Mme de Vaubrun veut lui faire couper la tête. M. de Gêvres dit qu'il ne savait pas que ce fût Mlle de Vaubrun. Tous les Béthune font quelque semblant de vouloir empêcher qu'on ne fasse le procès à leur sang. Je ne sais point encore ce qu'on en dit à Versailles. Voilà, ma chère bonne, l'évangile du jour. Vous connaissez cela, on ne parlait d'autre chose. Que dites-vous de l'amour? Je le méprise quand il s'amuse à de si vilaines gens. (25.3.89)[20]

Life was also a stage where ritual *galanterie* was assiduously practiced and which presupposed a relationship of critical distance. When one lost this distancing and began to take too seriously the illusion of life being lived on another plane, one became ridiculous. It was this very lack of perspective that provided the comic elements in the "courting" of Magdelon and Cathos of *Les Précieuses ridicules* or of Bélise in *Les Femmes savantes.* Though the Marquise, like her contemporaries, saw much of the mundane in theatrical or *romanesque* terms, she maintained the ironic distance of a *moraliste* who always strove to distinguish *être* from *paraître.* Accepting the latter as a necessary social disguise, she nonetheless was enough of an *honnête femme* that she believed likewise in keeping to the normatively reasonable with intelligence as guide. To achieve this, one needed to keep oneself and others under continual scrutiny, to develop the politics of the *regard.*

Conscious of herself as spectator of the social scene, she gives a critique of her own performance in one of the most well known of her letters, that of herself viewing a presentation of Racine's *Esther* at Saint-Cyr:

Nous écoutâmes, le maréchal [de Bellefonds] et moi, cette tragédie avec une attention qui fut remarquée, et de certaines louanges sourdes et bien placées, qui n'étaient peut-être pas sous les fontanges de toutes les dames. Je ne puis vous dire l'excès de l'agrément de cette pièce. . . . On est attentif, et on n'a point d'autre peine que celle de voir finir une si aimable pièce. . . . La mesure de l'approbation qu'on donne à cette pièce, c'est celle du goût et de l'attention. J'en fus charmée, et le maréchal aussi, qui sortit de sa place pour aller dire au Roi combien il était content, et qu'il était auprès d'une dame qui était bien digne d'avoir vu *Esther.* Le Roi vint vers nos places, et après avoir tourné, il s'adressa à moi, et me dit: "Madame je suis assuré que vous avez été contente." Moi, sans m'étonner, je répondis: "Sire, je suis charmée; ce que je sens est au-dessus de paroles." Le Roi me dit:

"Racine a bien de l'esprit." Je lui dis: "Sire, il en a beaucoup, mais en vérité ces jeunes personnes en ont beaucoup aussi; elles entrent dans le sujet comme si elles n'avaient jamais fait autre chose." Il me dit: "Ah! pour cela, il est vrai." Et puis Sa Majesté s'en alla, et me laissa l'objet de l'envie. Comme il n'y avait quasi que moi de nouvelle venue, il eut quelque plaisir de voir mes sincères admirations sans bruit et sans éclat. Monsieur le Prince, Madame la Princesse me vinrent dire un mot. Mme de Maintenon, un éclair; elle s'en allait avec le Roi. Je répondis à tout, car j'étais en fortune. . . . Je vis le soir Monsieur le Chevalier. Je lui contai tout naïvement mes petites prospérités, ne voulant point les cachoter sans savoir pourquoi, comme de certaines personnes; il en fut content, et voilà qui est fait. Je suis assurée qu'il ne m'a point trouvé, dans la suite, ni une sotte vanité, ni un transport de bourgeoise; demandez-lui. (21.2.89)[21]

This self-awareness in the interests of *galanterie* has several dimensions apparent even in this one passage. As a member of the audience at Saint-Cyr, she was also an actress with her own role to play. As author of this letter she gives a spectator's account of her performance on the night of February 19, and, in so doing, is a self-conscious writer-in-performance.

Indeed this poetic of the glance could be concretized from a tableaulike scene which she relates in an earlier letter: "J'ai été tantôt chez Mignard, pour voir le portrait de Louvigny (il est parlant), mais je n'ai pas vu Mignard. Il peignait Mme de Fontevrault, que j'ai regardée par le trou de la porte. Je ne l'ai pas trouvée jolie. L'abbé Têtu était auprès d'elle, dans un charmant badinage. Les Villars étaient à ce trou avec moi; nous étions plaisantes" (6.9.75). The trick was to be a self-conscious observer while not being too obvious in the process of observing either self or the other. No mean feat, and one that involves difficulties with respect to concentration that are metaphorically comparable to those of the eye in directing its view through a keyhole.[22]

An amusing scene is that where one spectator, Mme de Sévigné, comments on the appearance of the other members of an audience and projects this vision to her daughter:

Il [Corneille] nous lut l'autre jour une comédie chez M. de La Rochefoucauld, qui fait souvenir de la Reine mère. Cependant je voudrais, ma bonne, que vous fussiez venue avec moi après dîner, vous ne vous seriez point ennuyée. Vous auriez peut-être pleuré une petite larme, puisque j'en ai pleuré plus de vingt; vous auriez admiré votre belle-sœur; vous auriez vu les *Anges* [Mlle de Grancey et Mme de Marey] devant vous, et la Bourdeaux, qui était habillée en petite mignonne. Monsieur le Duc était derrière, Pomenars au-dessus, avec les laquais, son manteau dans son nez, parce que le comte de Créance le veut faire pendre, quelque résistance qu'il y fasse; tout le bel air était sur le théâtre. M. le marquis de Villeroy avait un habit de bal; le comte de Guiche ceinturé comme son esprit; tout le reste en bandits. J'ai vu deux fois ce comte chez M. de La Rochefoucauld; il me parut avoir bien de l'esprit, et il était moins surnaturel qu'à l'ordinaire. (15.1.72)

A compliment is paid to the epistolary correspondent's ability to live "with eyes open." Mme de Sévigné comments on the mutuality of this ability to maintain an aesthetic distance in the interest of *honnêteté* and *galanterie*. Both mother and daughter observed themselves in situation and were perceptive spectators who critiqued their own talents at creating an appropriate illusion:

> Vous souvient-il, ma bonne, quand nous avions ici tous ces Fouesnel[23] et que nous attendions avec tant d'impatience l'heureux et précieux moment de leur départ? Quel adieu gai intérieurement nous leur faisions! Quelle crainte qu'ils cédassent aux fausses prières que nous leur faisions de demeurer! quelle douceur et quelle joie, quand nous en étions délivrés! et comme nous trouvions qu'une mauvaise compagnie était bien meilleure qu'une bonne, qui vous laisse affligée quand elle part, au lieu que l'autre vous rafraîchit le sang et vous fait respirer de joie! Vous avez senti ce délicieux état, ma très chère. (31.5.80)

Spectator that she was, Mme de Sévigné enjoyed seeing the Grignans playing their roles well, applauded, encouraged, and, consequently, tried her hand as a *metteur-en-scène* through her correspondence; another *dédoublement,* and one which evoked mixed reviews!

The portraits of Mme de Sévigné were as varied as those one might find in any eclectic art collection. So the comic scenes from her letters offer a kaleidoscope of images, personalities, and situations. What holds them together, however, is the ironist's perception of the inherent *ridicule* and the witticist's ability to display this vision in an arrestingly clever style.

Some of the most amusing scenes she offers are those in which she herself features. In one such mini-drama she has the role of the blissfully ignorant female Sganarelle, whose enlightenment comes about only after a disconcerting *faux pas*:

> Voici ce que je fis l'autre jour; vous savez comme je suis sujette à me tromper. Je vis avant dîner, chez M. de Chaulnes, un homme au bout de la salle, que je crus être le maître d'hôtel. J'allai à lui, et lui dis: "Mon pauvre Monsieur, faites-nous dîner; il est une heure, je meurs de faim." Cet homme me regarde, et me dit: "Madame, je voudrais être assez heureux pour vous donner à dîner chez moi. Je me nomme Pécaudière, ma maison n'est qu'à deux lieues de Landerneau." Mon enfant, c'était un gentilhomme de basse Bretagne. Ce que je devins n'est pas une chose qu'on puisse redire; je ris encore en vous l'écrivant. (6.9.71)

On another occasion she compares herself to the character of maître Jacques (*L'Avare* IV,iv) as she tries to reconcile cousin and uncle during their regular financial disputes:

Le *Bien Bon* a quelquefois des disputes avec Mlle de Méri. Mais savez-vous ce qui les cause? C'est assurément l'exactitude de l'Abbé, beaucoup plus que l'intérêt, mais quand l'arithmétique est offensée, et que la règle de *deux et deux font quatre* est blessée en quelque chose, le bon Abbé est hors de lui. C'est son humeur, il le faut prendre sur ce pied-là. D'un autre côté, Mlle de Méri a un style tout différent. Quand par esprit ou par raison elle soutient un parti, elle ne finit plus. Elle le pousse; il se sent suffoqué par un torrent de paroles. Il se met en colère et en sort par faire l'oncle, et dire qu'on se taise; on lui dit qu'il n'a point de politesse. *Politesse* est un nouvel outrage, et tout est perdu; on ne s'entend plus. Il n'est plus question de l'affaire; ce sont les circonstances qui sont devenues le principal. En même temps, je me mets en campagne. Je vais à l'un, je vais à l'autre, je fais un peu comme le cuisinier de la comédie, mais je finis mieux, car on en rit. (12.7.75)

Writing to Bussy, she compares her ambivalence over the courtesies and ranking contingent upon the appointing of several new marshals to that of a *commedia* figure. It is not unlike the character Marphurius, the Pyrrhonian, of *Le Mariage forcé* (v), and she enacts for him an imaginary scene: "Vous dites des merveilles sur l'affaire des maréchaux de France. Je ne saurais entrer dans ce procès; je suis toujours de l'avis de celui que j'entends le dernier. Les uns disent oui, les autres disent non; et moi je dis oui et non. Vous souvenez-vous que cela nous a fait rire à une comédie italienne?" (16.5.72).

The Marquise enjoys her own adroit performance of the *rusée* when placed on the same stage with Mlle du Plessis, the provincial *bête*: "J'ai fait comprendre à la petite Mlle du Plessis que le bel air de la cour, c'est la liberté; si bien que, quand elle passe des jours ici, je prends fort bien une heure pour lire en italien avec M. de La Mousse; elle est charmée de cette familiarité et moi aussi" (8.7.71).

Situations become particularly delectable to the Sévigné minx when she has the opportunity of exposing pretentious foolishness:

Mlle du Plessis nous honore souvent de sa présence. Elle disait hier qu'en basse Bretagne, on faisait une chère admirable, et qu'aux noces de sa belle-sœur, on avait mangé, pour un jour, douze cents pièces de rôti. A cette exagération, nous demeurâmes tous comme des gens de pierre. Je pris courage, et lui dis: "Mademoiselle, pensez-y bien; n'est-ce point douze pièces de rôti que vous voulez dire? On se trompe quelquefois. —Non, madame, c'est douze cents pièces ou onze cents. Je ne veux pas vous assurer si c'est onze ou douze, de peur de mentir; mais enfin je sais bien que c'est l'un ou l'autre," et le répéta vingt fois, et n'en voulut jamais rabattre un seul poulet. Nous trouvâmes qu'il fallait qu'ils fussent du moins trois cents piqueurs pour piquer menu, et que le lieu fût une grande prairie, où l'on eût tendu des tentes, et que, s'ils n'eussent été que cinquante, il eût fallu qu'ils eussent commencé un mois devant. Ce propos de table était bon; vous en auriez été contente. N'avez-vous point quelque exagéreuse comme celle-là? (15.7.71)

Other scenes which would seem to be taken directly from the *commedia* tradition are those which, with the addition of special auditory effects, have the sounds as well as the sights of an old farce:

Le matin d'hier on fit un service au Chancelier [Séguier] à Sainte-Elisabeth. Je n'y fus point parce qu'on oublia de m'apporter mon billet; tout le reste de la terre habitable y était. Mme Fieubet entendit ceci. La Choiseul passa devant la Bonnelle:[24] "Ah! dit la Bonnelle, voilà une mijaurée qui a eu pour plus de cent mille écus de nos hardes." La Choiseul se retourne, et comme Arlequin: "Hi, hi, hi, hi, hi, lui fit-elle en lui riant au nez; voilà comme on répond aux folles," et passe son chemin. Quand cela est aussi vrai qu'il l'est, cela fait extrêmement rire. (1.4.72)

Once again the scene involves a refreshingly new look at an old cliché, *noblesse oblige*:

L'archevêque de Reims revenait hier fort vite de Saint-Germain. C'était comme un tourbillon. S'il se croit grand seigneur, ses gens le croient encore plus que lui. Ils passaient au travers de Nanterre, *tra, tra, tra.* Ils rencontrent un homme à cheval, *gare, gare.* Ce pauvre homme se veut ranger; son cheval ne le veut pas. Et enfin le carrosse et les six chevaux renversent cul par-dessus tête le pauvre homme et le cheval, et passent par-dessus et si bien par-dessus que le carrosse en fut versé et renversé. En même temps, l'homme et le cheval, au lieu de s'amuser à être roués, se relèvent miraculeusement, et remontent l'un sur l'autre, et s'enfuient et courent encore, pendant que les laquais et le cocher de l'archevêque et l'archevêque même se mettent à crier: "Arrête, arrête ce coquin; qu'on lui donne cent coups." L'archevêque, en racontant ceci, disait: "Si j'avais tenu ce maraud-là, je lui aurais rompu les bras et coupé les oreilles." (5.2.74)

With the naïve simplicity of a Pourceaugnac loose in Paris, a provincial makes an appearance at a religious celebration and provokes a maliciously witty *bon mot*:

Monsieur de Rennes, qui a repassé par ici en revenant de Lavardin, m'a conté qu'au sacre de Mme de Chelles, les tentures de la couronne, les pierreries au soleil du saint sacrement, la musique exquise, les odeurs, et la quantité d'évêques qui officiaient surprirent tellement une manière de provinciale qui était là qu'elle s'écria tout haut: "N'est-ce pas ici le paradis? —Ah! non, madame, dit quelqu'un, il n'y a pas tant d'évêques." (11.9.80)

A Bergsonian absentmindedness highlights the incongruity between the spontaneity of the natural with the complexities of life in a more affected society:

Le maréchal de Gramont était l'autre jour si transporté de la beauté d'un sermon du Bourdaloue qu'il s'écria tout haut, en un endroit qui le toucha: "Mordieu, il a raison!" Madame s'éclata de rire, et le sermon en fut tellement interrompu qu'on ne savait ce qui en arriverait. Je ne crois pas, de la façon dont vous me dépeignez vos prédicateurs, que si vous les interrompez, ce soit par les admirations. (13.4.72)

With the continuity of a three-act play, Mme de Sévigné recounts the

ludicrous concern at Court over the order of seating and serving at the royal
repasts:

> On a fait cinq dames: Mmes de Soubise, de Chevreuse, la princesse d'Harcourt,
> Mme d'Albret et Mme de Rochefort. Les filles ne servent plus, et Mme de Richelieu
> ne servira plus aussi. Ce seront les gentilshommes-servants et les maîtres d'hôtel,
> comme on faisait autrefois. Il y aura toujours derrière la Reine Mme de Richelieu,
> et trois ou quatre dames, afin que la Reine ne soit pas seule de femme. (1.1.74)

The exposition is clearly and succinctly stated. All the characters are introduced when the second act brings to the forefront *le nœud* or the obstacles to
be resolved:

> Les dames du palais sont réglées à servir par semaine. Cette sujétion d'être quatre
> pendant le dîner et le souper est une merveille pour les femmes grosses; il y aura
> toujours des sages-femmes derrière elles et à tous les voyages. La maréchale
> d'Humières s'ennuiera bien d'être toujours debout près de celles qui sont assises; si
> elle boude, elle fera mal sa cour, car le Roi veut de la sujétion. Je crois qu'on s'en
> fait un jeu chez Mme de Montespan. Il est vrai qu'en ce lieu-là [with the King]
> on a une grande attention à ne séparer aucune femme de son mari, ni de ses devoirs;
> on n'aime pas le bruit, si on ne le fait. (8.1.74)

The dénouement is reeling towards its catastrophic consequences when
Mme de Sévigné enters the action:

> J'ai été aujourd'hui à Saint-Germain; toutes les dames m'ont parlé de votre retour.
> La comtesse de Guiche m'a priée de vous dire qu'elle ne vous écrira point, puisque
> vous venez quérir votre réponse. Elle est au dîner, quoique *Andromaque* [dressed in
> mourning clothes]; la Reine l'a voulu. J'ai donc vu cette scène. Le Roi et la Reine
> mangent tristement, je n'oserais dire leur avoine. Mme de Richelieu est assise, et
> puis les dames, selon leur dignité; quand elles sont debout, les autres sont assises.
> Celles qui n'ont point dîné sont prêtes à s'élancer sur les plats; celles qui ont dînés
> ont mal au cœur, et sont suffoquées de la vapeur des viandes. Ainsi cette troupe est
> souffrante. (22.1.74)

A particularly enlightening account puts in relief two diametrically opposed
attitudes towards the nuns of Port-Royal who recanted their profession of
Jansenistic doctrines. A letter written to Pomponne in 1664 concerns his religious relatives and the latest *signataire,* his niece, Marie-Angélique de
Sainte-Thérèse. Here the ironist's double vision of a double world leads to a
rational *moraliste*'s conclusion after a contemplation of the laughable inconsistency of human behavior:

> J'ai été à Sainte-Marie, où j'ai vu madame votre tante, qui m'a paru abîmée en
> Dieu; elle était à la messe comme en extase. Madame votre sœur m'a paru jolie,
> de beaux yeux, une mine spirituelle. La pauvre enfant s'est évanouie ce matin; elle

est très incommodée. Sa tante a toujours la même douceur pour elle.[25] Monsieur de Paris lui a donné une certaine manière de contre-lettre[26] qui lui a gagné le cœur; c'est cela qui l'a obligée de signer ce diantre de formulaire. Je ne leur ai parlé ni à l'une ni à l'autre; Monsieur de Paris l'avait défendu. Mais voici encore une image de la prévention. Nos sœurs de Sainte-Marie m'ont dit: "Enfin Dieu soit loué! Dieu a touché le cœur de cette pauvre enfant: elle s'est mise dans le chemin de l'obéissance et du salut." De là je vais à Port-Royal. J'y trouve un certain grand solitaire que vous connaissez, qui commence par me dire: "Eh bien! ce pauvre oison a signé. Enfin Dieu l'a abandonnée; elle a fait le saut." Pour moi, j'ai pensé mourir de rire en faisant réflexion sur ce que fait la préoccupation. Voilà bien le monde en son naturel. Je crois que le milieu de ces extrémités est toujours le meilleur. (21.11.64)

It is the double vision which keeps one's eyes open to the ridiculous. One is quick to "spy out" the *Imposteurs* of this world. As Molière had done in his *Tartuffe*, Mme de Sévigné gives a colorful and comic portrayal of some of Tartuffe's feminine counterparts. Where only one dominated the boards of the Théâtre du Palais-Royal, she has a whole gallery of imposters come tripping across the stage in a single scene:

M. de Grignan a raison de dire que Mme de Thianges ne met plus de rouge et cache sa gorge; vous avez peine à la reconnaître avec ce déguisement. Elle est souvent avec Mme de Longueville, et tout à fait dans le bel air de la dévotion, mais elle est toujours de très bonne compagnie, et n'est pas solitaire. J'étais l'autre jour auprès d'elle à dîner. Un laquais lui présenta un grand verre de vin de liqueur; elle me dit: "Madame, ce garçon ne sait pas que je suis dévote." Cela nous fit rire. Elle parle fort naturellement de ses bonnes intentions et de son changement. Elle prend garde à ce qu'elle dit du prochain; et quand il lui échappe quelque chose, elle s'arrête tout court, et fait un cri, en détestant la mauvaise habitude. Pour moi, je la trouve plus aimable qu'elle n'était. On veut parier que la princesse d'Harcourt ne sera pas dévote dans un an, à cette heure qu'elle est dame du palais, et qu'elle remettra du rouge. Car ce rouge, c'est la loi et les prophètes; c'est sur ce rouge que roule tout le christianisme.

Pour la duchesse d'Aumont, son inclination, c'est d'ensevelir les morts. On dit que sur la frontière, la duchesse de Charost tuait les gens avec des remèdes mal composés, et que l'autre les venait promptement ensevelir. La marquise d'Huxelles est très bonne, mais la Marans est plus que très bonne. J'ai rencontré Mme de Schomberg, qui m'a dit très sérieusement que la Marans était du premier ordre et pour la retraite et pour la pénitence, n'étant d'aucune société, et refusant même les amusements de la dévotion. Enfin, c'est ce qui s'appelle adorer Dieu en esprit et en vérité, dans la simplicité de la première église. (5.1.74)[27]

Don Juan appears in the *Correspondance* in the personage of Mme Voisin, a woman implicated in the *affaire des poisons*. Her scandalous disregard for morality stands in stark contrast to the growing interest in things religious of her compatriots, and her imprisonment and death is detailed in several of the Marquise's letters.[28]

Sganarelle, as sidekick to Don Juan, and like Sancho Panza, is humorous in his simplistic literalism (which includes his grammar). Mme de Sévigné wears this comic mask as she engages in an epistolary *pas de deux* with the Bishop of Marseilles:

> Je viens d'écrire à Monsieur de Marseille, et comme il m'assure qu' "il aura toute sa vie un respect extraordinaire pour l'évêque de Marseille," je le conjure aussi d'être persuadé que j'aurai toute ma vie une considération extrême pour la marquise de Sévigné. Ma lettre sera capable de le faire crever, s'il a pour vous de méchantes intentions. Je le prends très simplement sur toutes ses paroles. (10.6.71)

Mme de Grignan is about to depart for an Assembly at Lambesc (in Provence) which will bring her in closer contact with this prelate and sometime adversary:

> Vous y verrez l'effet des protestations de Monsieur de Marseille. Je les trouve bien sophistiquées, et avec de grandes restrictions. Les assurances que je lui donne de mon amitié sont à peu près dans le même style. Il vous assure de son service sous condition, et moi, de mon amitié sous condition aussi, et lui disant que je ne doute point du tout que vous n'ayez toujours de nouveáux sujets de lui être obligée. (20.9.71)

Ridiculing everything deserving it, Mme de Sévigné cheers herself and Mme de Grignan with humor which has a temperamental and intellectual affinity with *comédie moliéresque. Ridicule* seems to appear on every page as, in Williams's words, "for the two correspondents sharing Mme de Sévigné's distaste and amusement over 'bad copies of better originals,' both the principle and the symptoms set in the *Lettre* offer comedy as diverse as Molière's own."[29]

Shared amusement was seen to be part of the seductive wiles of a mother whose happiness, as she so frequently affirmed, depended on her epistolary connectedness with this most treasured daughter and correspondent. Ironic wit in mask, speech, and scene served to display and reinforce that intuitively perceived union. The pain of absence and distance may have been attenuated by this literary *supplément.* Time, however, proved to be a more powerful "stage director" and "script writer," and its effects are apparent in the curve of development which passes from a textual "rire de supériorité" to a "rire grave." The self-portrait of the witty *mondaine,* as mirrored in her letters, changed to that of a daughter of a Provident Father who tried to come to terms with life's mysterious dualities.

Notes

Introduction

[1] Jean Dubois, René Lagane, and Alain Lerond, *Dictionnaire du français classique* (Paris: Larousse, 1971), pp. 203, 457.

[2] C. A. Sainte-Beuve, *Portraits de femmes* (Paris: Garnier Frères, 1869), p. 4.

[3] Sainte-Beuve, pp. 14-15.

[4] Mireille Gérard, "Molière dans la correspondance de Madame de Sévigné," *Revue d'Histoire Littéraire de la France*, 73 (1973), 625.

[5] Mireille Gérard, "Madame de Sévigné, Molière et la médecine de son temps," *Marseille: Actes du 3e Colloque*, 95 (1973), 94.

[6] Parody of an air from *Alceste* by Quinault and Lully. All parenthetical references, by date (day, month, year) or volume and page, follow the datings established by Roger Duchêne's edition of the *Correspondance* of Mme de Sévigné (3 vols. [Paris: Gallimard-Pléiade, 1972, 1973, 1978]).

[7] Gérard, "Madame de Sévigné, Molière et la médecine," p. 94.

[8] Charles G. S. Williams, *Madame de Sévigné* (Boston: G. K. Hall, 1981). See especially pp. 93-96.

[9] Susan W. Tiefenbrun, "Wit, Beyond Freud, and the Maxims of La Rochefoucauld," *Papers on French Seventeenth Century Literature*, 13, No. 2 (1980), 248.

[10] Tiefenbrun, p. 249.

[11] An ironist could be said to be an artist whose work, or a substantial portion of whose work, is informed by a sense of irony. An ironic observer is one who perceives incongruous realities. To relate this to the distinction between Verbal Irony and Situational Irony, D. C. Muecke explains: "Verbal Irony raises questions that come under the headings of rhetoric, stylistics, narrative and satiric forms, satiric strategies; Situational Irony, while raising fewer formal points, tends to raise historical and ideological questions—Who first saw *that* sort of thing as ironic? What sort of things do we regard as ironic? What sort

103

of things are presented as ironic in Kafka, in Pirandello, in Proust? We look at Verbal Irony from the ironist's point of view but at Situational Irony from the ironic observer's point of view. Verbal Irony tends to be satiric; Situational Irony tends to be more purely comic, tragic, or 'philosophic'" (in *Irony* [London: Methuen, 1970], pp. 50-51). Obviously, the ironic observer may also be an ironist when the wish to display the perception is operative. See also Muecke, p. 54.

[12] Alvin Eustis, *Molière as Ironic Contemplator* (Paris: Mouton, 1973), p. 21. For a more complete discussion of the distinction between verbal and situational irony, see Muecke, pp. 49-51 and pp. 66-67.

[13] Muecke, pp. 35-40.

[14] Will G. Moore, *Molière: A New Criticism* (Oxford: Clarendon Press, 1968). Much of the theory of "Mask," "Speech," and "Scene" is taken from Moore's study.

[15] For the full text, see below, Chapter 4, p. 81.

Chapter 1: Transitions

[1] Marcel Gutwirth, *Molière ou l'invention comique: La Métamorphose des thèmes et la création des types* (Paris: Minard, 1966). See especially p. 78.

[2] Jacques Morel, "Pascal et la doctrine du rire grave," in *Méthodes chez Pascal* (Paris: P.U.F., 1979). This article treats the importance of Pascal's eleventh letter. The rapport established with Mme de Sévigné is my own.

[3] Morel, pp. 214-15.

[4] Morel, p. 218.

[5] Gutwirth, *Molière*, p. 78 and pp. 205-09.

[6] Williams, p. 93. Emphasis is my own.

[7] See Roger Duchêne, *Mme de Sévigné* (Paris: Desclée de Brouwer, 1968), pp. 50-58, and Williams, pp. 120-25. This topic will be discussed more fully later in this chapter.

[8] Sévigné, II, 1355.

[9] Duchêne explains: "Mme de Sévigné a déjà rappelé cette formule (t. I, l. 267, p. 496; l. 808, p. 18) citée par Pascal dans le fragment sur l'imagination; elle sert d'épigraphe à l'*Eloge de la folie* d'Erasme" (Sévigné, III, 1173).

[10] Duchêne explains the origin of the nickname: "Le Chancelier, dit une note du chansonnier Maurepas, 'étant un jour enfermé avec une garce, qui l'appelait toujours Monseigneur, il lui dit, dans l'emportement du plaisir, de le nommer plutôt Pierrot" (Sévigné, I, 903).

[11] *Tartuffe* V,iv. M. Loyal, while on a mission to confiscate Orgon's property in the name of Tartuffe, pays to Orgon the following compliment: "Toute votre maison m'a toujours été chère, / Et j'étois serviteur de Monsieur votre père."

[12] See Chapter 3, pp. 62-63 (22.7.71; 20.5.72; 15.8.77; 3.9.77; 18.5.80; 12.6.80; 18.2.89; 4.4.89).

[13] *Tartuffe* V,iii. In this scene Orgon, the blind, tries to convince his mother, Mme Pernelle, a "super-Orgon" in her blindness, that he has seen Tartuffe for what he really is, a hypocrite: "C'est tenir un propos de sens bien dépourvu. / Je l'ai vu, dis-je, vu, de mes propres yeux vu, / Ce qu'on appelle vu: faut-il vous le rebattre / Aux oreilles cent fois, et crier comme quatre?"

[14] See also 11.4.89; 10.5.94.

[15] See also 20.10.80.

[16] Other examples of this almost unconscious appropriation of phrases from *Le Médecin malgré lui* exist in the repetition and variations of: "jouer à la fossette" (I,v; 6.7.76; 17.1.80; 24.4.89); "beau nom à médicamenter" (II,ii; 10.3.87; 29.5.89); "le cœur était à gauche . . . on a changé tout cela" (II,iv; 30.10.75; 9.5.80; 9.6.80; 8.7.85). Some of the same observations are made by Mireille Gérard: "Ainsi la citation: 'Il y a fagots et fagots' (acte I, sc. 5) est rappelée quatre fois pour des raisons diverses et secondaires. La réminiscence devient alors un tic d'écriture, du moins une formule rituelle et attendue, comme, au moment des adieux, l'expression de Martine à l'acte III, sc. 9: 'Je ne te quitterai point que je ne t'aie vu pendu.' Succès d'une trouvaille de Molière, souvenir d'une joie goûtée en commun, humour de l'utilisation, s'affaiblissent en code stéréotypé" (Gérard, "Molière dans la correspondance de Madame de Sévigné," p. 613). It is not my position that the internalization and repetition of a phrase weakened it or made it any less humorously effective.

[17] Duchêne explains: "Mme de Sévigné reprend l'argumentation fondamentale des gens de Port-Royal, qui revient à dire que le jansénisme n'existe pas. . . . On retrouve la même idée, et le mot même de *fantôme,* dans le titre d'un ouvrage publié anonymement par Arnauld en 1686: *Le Fantôme du Jansénisme*" (Sévigné, II, 1538-39).

[18] Duchêne adds this clarification: " 'Les évêques font les généreux contre le pape, qui ne s'est engagé dans cette affaire que pour soutenir la liberté canonique de leurs églises.' (Arnauld)" (Sévigné, II, 1569).

[19] In an extensive footnote Duchêne provides background information regarding this celebrated murderess: "Marie-Madeleine d'Aubray, fille du lieutenant-civil au Châtelet de Paris, avait épousé à vingt et un ans en 1651 Antoine Gobelin, marquis de Brinvilliers, fils d'un président à la chambre des comptes, qui servait comme maître de camp au régiment de Normandie. La marquise se lia avec un capitaine de cavalerie, Gaudin de Sainte-Croix, ami de son mari, que d'Aubray fit enfermer à la Bastille. Quand il en sortit, les deux complices, partie par vengeance et partie pour se procurer leurs successions, empoisonnèrent le lieutenant-civil d'Aubray (1666) et ses deux fils (1670), père et frères de la Brinvilliers. A la mort de Sainte-Croix, le 30 juillet 1672, on saisit chez lui une cassette contenant des poisons et des lettres de sa complice; elle s'enfuit en Angleterre, à Londres,

qu'elle quitta au moment où on allait l'y arrêter en 1674. Elle fut prise le 25 mars 1676,
à Liège. . . . Ecrouée à la Conciergerie le 26, elle fut jugée, en raison de son privilège de
noblesse, devant la Grand'Chambre et les Tournelles réunies, par un tribunal présidé par
le premier président Lamoignon du 29 avril au 16 juillet. Elle fut exécutée le 17" (Sévigné,
II, 1219).

[20] See Chapter 2, p. 35.

[21] See 25.10.79; 28.1.89; 26.4.90.

[22] See Chapter 2, p. 38 and pp. 47-48, for examples.

[23] See Chapter 2, p. 32, for more complete citation.

[24] Morel, p. 218.

[25] Vlademir Jankélévitch, L'Ironie (Paris: Flammarion, 1964), p. 78.

[26] Jankélévitch, pp. 10-11.

[27] Morel, p. 218.

[28] Jankélévitch, p. 83.

[29] Gutwirth, Molière, p. 206.

[30] See Alvin Eustis, "The Nature of Molière's Satire," Romance Notes, 15 (1973),
13-14.

[31] Gutwirth, Molière, pp. 208-09.

[32] Moore, Criticism, pp. 92, 107-08, 114.

[33] See Eustis, "Molière's Satire," pp. 12-14, for a brief discussion of the notion of
self-parody in Molière's theater.

[34] See Louise Horowitz, "The Correspondence of Madame de Sévigné: Letters or
Belles-Lettres?" French Forum, 6 (1981), 24-25.

[35] Bernard Bray, "L'Epistolière au miroir," Marseille: Actes du 3e Colloque, 95 (1973),
25.

[36] Williams, p. 124.

[37] Duchêne, Mme de Sévigné, p. 46.

[38] Duchêne, Mme de Sévigné, pp. 58 and 62.

Chapter 2: Mask: "Portrait"

[1] Williams, p. 87.

[2] See especially two books on the sociology of the theater and its relation to the social sciences: Elizabeth Burns, *Theatricality: A Study of Convention in the Theatre and in Social Life* (New York: Harper & Row, 1972), and Erving Goffman, *The Presentation of Self in Everyday Life* (New York: Doubleday, 1959).

[3] Moore, *Criticism*, p. 42.

[4] Henri Jones, "Du portrait dans l'art et la littérature classique," *Revue des Sciences Humaines*, 34 (Apr.-June 1969), 198.

[5] Jones, p. 202. See also Edward Knox, *La Bruyère* (Boston: G. K. Hall, 1973), and passim.

[6] Dirk Van der Cruysse, *Le Portrait dans les "Mémoires" du duc de Saint-Simon* (Paris: A. G. Nizet, 1971), p. 37. Van der Cruysse continues his quotation from the *Mercure Galant* of 1704: "Enfin, l'on peut dire que le combat finit faute de combattants, c'est-à-dire qu'on ne cessa de faire des portraits que lorsqu'il ne se trouva plus personne à Paris qui fût de quelque mérite et de quelque considération, dont le portrait ne fût pas fait. Ses sortes d'ouvrages ne produisent que de bons effets: ils firent estimer des personnes dont les belles qualités n'étoient pas connues, ils en firent aimer d'autres et firent connoître à toute l'Europe que Paris étoit rempli de personnes d'esprit et de mérite. . . ." In light of what will be said of the often hyperbolic nature of most portraits, it is amusing to note that the *Mercure Galant* was not incapable of hyperbole, as often was the case in the same domain!

[7] Roger Picard, *Les Salons littéraires et la société française 1610-1789* (New York: Bretano's, 1943), p. 66. Emphasis is my own. On Mme Cornuel, see Claude Aragonnès, "Chez Madame Cornuel: Un Salon bourgeois au XVIIe siècle," *La Revue de Paris*, 38 (1931), 578-97.

[8] J. D. Lafond, "Les Techniques du portrait dans le 'Recueil des portraits et éloges' de 1659," *CAIEF*, 18 (1966), 142.

[9] Comte Edouard de Barthélemy, *La Galerie des Portraits de Mademoiselle de Montpensier* (Paris: Didier, 1860), p. 298.

[10] Lafond, p. 142.

[11] Van der Cruysse, p. 42. See also Susan Read Baker, "La Rochefoucauld and the Art of the Self-Portrait," *Romanic Review*, 65 (1974), 13-30.

[12] Jacques Prévot, "L'Art du portrait chez Bussy-Rabutin," *Revue d'Histoire Littéraire de la France*, 69 (1969), 2.

[13] Prévot, pp. 3-4. This passage was quoted by Prévot from Bussy's *Mémoires*.

[14] Prévot, p. 8.

[15] Prévot quotes from the *Histoire amoureuse des Gaules,* p. 7.

[16] Williams, p. 60. See also Christian Garaud, "Qu'est-ce que le Rabutinage?," *Dix-Septième Siècle,* 93 (1971), 27-53.

[17] In his biography of Mme de Sévigné (*Madame de Sévigné* [Paris: Hachette, 1971]), Emile Gérard-Gailly quotes (pp. 81-82) some of the most salient passages of Bussy's famous portrait of his cousin:

> Mme de Sévigné a d'ordinaire le plus beau teint du monde, les yeux petits et brillants, la bouche plate, mais de belle couleur, le front avancé, le nez semblable à soi, ni long ni petit, carré par le bout, les mâchoires comme le bout du nez; et tout cela, qui en détail n'est pas beau, est à tout prendre assez agréable. Elle a la taille belle, sans avoir bon air; elle a la jambe bien faite, la gorge, les bras et les mains mal taillés, elle a les cheveux blonds, déliés et épais. Elle a bien dansé et a l'oreille encore juste, elle a la voix agréable, elle sait un peu chanter. Voilà, pour le dehors, à peu près comme elle est faite.
>
> Il n'y a point de femme qui ait plus d'esprit qu'elle, et fort peu qui en aient autant. Sa manière est divertissante. Il y en a qui disent que pour une femme de qualité son caractère est un peu trop badin. Du temps que je la voyais, je trouvais ce jugement-là ridicule, et je sauvais son burlesque sous le nom de gaieté. Aujourd'hui qu'en ne la voyant plus son grand feu ne m'éblouit pas, je demeure d'accord qu'elle veut être trop plaisante. Si on a de l'esprit, et particulièrement de cette sorte d'esprit qui est enjoué, on n'a qu'à la voir, on ne perd rien avec elle, elle vous entend, elle entre juste en tout ce que vous dites, elle vous devine, et vous mène d'ordinaire bien plus loin que vous ne pensez aller. . . .
>
> Elle aime généralement tous les hommes, quelque âge, quelque naissance et quelque mérite qu'ils aient et de quelque profession qu'ils soient. Tout lui est bon, depuis le manteau royal jusqu'à la soutane, depuis le sceptre jusqu'à l'écritoire.
>
> Elle est d'un tempérament froid, au moins si on croit feu son mari. Aussi lui avait-il l'obligation de sa vertu. Comme il disait, toute sa chaleur est à l'esprit. A la vérité, elle recompense la froideur de son tempérament, si l'on s'en rapporte à ses actions. . . . Je crois que son mari s'est tiré d'affaire devant les hommes, mais je le tiens cocu devant Dieu. . . .
>
> Il y a des gens qui ne mettent que les choses saintes pour bornes à leur amitié et qui feraient tout pour leurs amis jusqu'aux autels. L'amitié de Mme de Sévigné a d'autres limites: cette belle n'est amie que jusqu'à la bourse, il n'y a qu'elle au monde qui se soit déshonorée par l'ingratitude. Il faut que la nécessité lui fasse grand-peur, puisque, pour en éviter l'ombre, elle n'appréhende pas la honte. Ceux qui la veulent excuser, disent qu'elle défère en cela au conseil des gens qui savent ce que c'est que la faim et qui se souviennent encore de leur pauvreté. . . .
>
> Je ne sais si c'est parce que ses bras ne sont pas beaux, qu'elle ne les tient pas trop chers, ou qu'elle ne s'imagine pas faire une faveur, la chose étant si générale; mais enfin les prend et les baise qui veut.

For the full text, see Roger de Bussy-Rabutin, *Histoire amoureuse des Gaules,* ed. Antoine Adam (Paris: Garnier-Flammarion, 1967), pp. 145-55.

[18] As Duchêne explains (*Sévigné,* I, 1197), the "crainte" was that of having a big nose like his father, while the "espérance" was to have a pretty one like his mother. If he "opted" for the former then he would only have his mother's mouth.

[19] Gérard, "Madame de Sévigné, Molière et la médecine," p. 92.

[20] See also 6.5.71; 10.6.71; 2.6.72.

[21] See also 12.8.71; 26.7.71; 12.1.80.

[22] See also 25.5.80.

[23] Duchêne explicates: "Il était 'grand et bien fait,' dit Saint-Simon, mais 'extrêmement laid' et surtout 'fort brutal'; il passait pour ivrogne. On imagine les qualités que lui suppose Mme de Sévigné puisqu'il parvint à se faire épouser de la veuve du maréchal de La Meilleraye, dont il avait été le page" (Sévigné, I, 1076).

[24] See also 15.7.71; 29.9.75; 13.10.75; 5.6.80.

[25] Jankélévitch, p. 95.

[26] As Roger Duchêne points out (Sévigné, I, 935-36) the expression "bigarrés" is not directly from Bussy, but Mme de Sévigné, in using it, gives a résumé of what he did write: "Mme de Sévigné est inégale jusqu'aux prunelles des yeux, et jusqu'aux paupières; elle a les yeux de différente couleur. . . ."

[27] Duchêne explains further: "Il a 'dévidé' l'esprit de Mme de Sévigné, c'est-à-dire qu'il l'a expliqué au sens usuel du mot, mais aussi vidé de sa substance, selon la 'diablesse' dont il est question, qui lui donnait vraisemblablement cette signification par contresens et fausse étymologie" (Sévigné, I, 1078-79).

[28] Duchêne's emphasis. The words "une petite dévote qui ne vaut guère" are italicized in the Gallimard text to indicate, as Roger Duchêne explains in a footnote, that Mme de Grignan had directed this same sort of question to her mother in 1676.

[29] Judd D. Hubert, *Molière and the Comedy of Intellect* (Berkeley: University of California Press, 1962), pp. 80-81.

[30] Muecke, p. 49.

Chapter 3: Speech: "Fantaisie verbale"

[1] Odette de Mourgues, *La Fontaine: Fables* (London: Edward Arnold, 1960), p. 39.

[2] Jean de La Fontaine, *Fables choisies,* ed. Claude Dreyfus, 2 vols. (Paris: Larousse, 1965), I, 147.

[3] Nicolas Boileau, *Œuvres complètes,* ed. Antoine Adam (Paris: Gallimard, 1966), p. 158.

[4] Moore, *Criticism,* pp. 55-56.

[5] Tiefenbrun, p. 243.

[6] Tiefenbrun, p. 241.

[7] Tiefenbrun, p. 249.

[8] For a fuller discussion of this topic, see Marie-Thérèse Ligot, "Ellipse et présupposition," *Poétique,* 44 (Nov. 1980), 422-36.

[9] Quoted by Harriet Allentuch, *Mme de Sévigné: A Portrait in Letters* (Baltimore: Johns Hopkins, 1963), p. 86.

[10] Allentuch, pp. 86-87.

[11] Allentuch, pp. 60-87.

[12] Roger Duchêne, "Madame de Sévigné et le style négligé," *Œuvres et Critiques,* 1 (1976), 120.

[13] On the letter, see Williams, pp. 45-47.

[14] Robert Garapon, *La Fantaisie verbale et le comique dans le théâtre du moyen âge à la fin du XVIIe siècle* (Paris: Colin, 1957), pp. 234-35.

[15] Garapon, pp. 247-48.

[16] H. Paul Grice, "La Logique de la conversation," *Communications,* 30 (1979), 61-62. It may be helpful to summarize here the basic rules of comprehensibility in Grice's words:

La catégorie de QUANTITE concerne la quantité d'information qui doit être fournie, et on peut y rattacher les règles suivantes:
　　1. Que votre contribution contienne autant d'information qu'il est requis (pour les visées conjoncturelles de l'échange).
　　2. Que votre contribution ne contienne pas plus d'information qu'il n'est requis. . . .
　　A la catégorie de QUALITE on peut rattacher la règle primordiale: "Que votre contribution soit véridique," et deux règles plus spécifiques:
　—"N'affirmez pas ce que vous croyez être faux."
　—"N'affirmez pas ce pour quoi vous manquez de preuves."
　　A la qualité RELATION je rattache donc une seule règle: "Parlez à propos" (*be relevant*). . . .
　　Enfin, à la catégorie de MODALITE, qui ne concerne pas, contrairement aux précédentes, ce qui est dit, mais plutôt comment on doit dire ce que l'on dit, je rattache la règle essentielle: "Soyez clair" (*perspicuous*):
　—"Evitez de vous exprimer avec obscurité."
　—"Evitez d'être ambigu."
　—"Soyez bref" (ne soyez pas plus prolixe qu'il n'est nécessaire).
　—"Soyez méthodique."

See also Grice, pp. 67-68.

[17] Paul de Man would go even further and identify the rhetorical, figural potentiality of language with literature itself, thereby making any and all linguistic devices ironic. See especially: "Semiology and Rhetoric," *Diacritics*, 3, No. 3 (Fall 1973), 27-33.

[18] Linda Hutcheon, "Ironie, satire, parodie," *Poétique*, 46 (Apr. 1981), 152. Linda Hutcheon discusses irony, satire, and parody ("les trois éthos") as being seductive. "Mais dans un contexte pragmatique comme le nôtre, la séduction est plutôt celle du lecteur; c'est une demande de complicité, de connivence du lecteur inscrite dans l'opération des trois éthos. Bien entendu, cette séduction peut facilement se retourner contre le lecteur, trompant son attente, et cet effet cynique ou contrariant se montre en particulier dans la parodie; dans les cas de l'ironie et de la satire on pourrait concevoir une rhétorique de la séduction au moyen de laquelle la compréhension serait garantie et à son tour garantirait l'inclusion (ou la satisfaction) du lecteur."

[19] Tiefenbrun, p. 248.

[20] Jankélévitch, p. 64.

[21] Hutcheon, p. 150.

[22] Hutcheon, pp. 150-51.

[23] Molière, *Œuvres complètes*, ed. Robert Jouanny, 2 vols. (Paris: Garnier Frères, 1962), I, 630.

[24] Hutcheon, p. 149. The reader is directed to a very elucidating diagram offered by Linda Hutcheon in this article.

[25] Sévigné, II, 1570. In a footnote Duchêne adds historical clarification: "A la fin de la préface du *Tartuffe*, le Roi s'étonne que ceux qui se scandalisent de la comédie de Molière ne disent rien de *Scaramouche ermite*; le prince de Condé lui répond: 'La raison de cela, c'est que la comédie de *Scaramouche* joue le ciel et la religion, dont ces messieurs ne soucient point; mais celle de Molière les joue eux-mêmes: c'est ce qu'ils ne peuvent souffrir. . . .' [D]ans le *Menagiana* (1693), comme dans cette lettre, Mme de Sévigné parle de *Dom Juan*: 'C'est que dans la première on joue la religion et dans l'autre les faux dévots.'"

[26] Sévigné, II, 1337.

[27] Sévigné, II, 1100. Professor Duchêne points out how Mme de Sévigné has altered this expression: "Ainsi fit Triboulet 'nazardant' Panurge avec une 'vessie de porc bien enflée.' (Tiers Livre, LXV)."

[28] Roger, comte de Bussy-Rabutin, *Histoire amoureuse des Gaules*, pp. 145-46. "Quelquefois aussi on lui fait voir bien du pays; la chaleur de la plaisanterie l'emporte. En cet état, elle reçoit avec joie tout ce qu'on lui veut dire de libre, pourvu qu'il soit enveloppé; elle y répond même avec usure, croyant qu'il irait du sien si elle n'allait pas au-delà de ce que l'on lui a dit."

[29] The woman with whom Bussy professes to be distressed is Mme de Montglas, on whom he has tried to place some of the blame for the publication of the *Histoire*

amoureuse. It was this publication which proved to be such a bone of contention between the two cousins.

[30] Paul La Cour, "Les Gaillardises de Mme de Sévigné," *La Nouvelle Revue,* 21 (May-June 1911), 221.

[31] As Duchêne explains in a footnote (Sévigné, I, 1047): "[C]es mots étaient d'une chanson de Condé lui-même, sur son échec en 1647 devant Lérida en Espagne: 'J'admire dedans votre lettre / Celui qui dit que son dada / Demeura court à Lérida; / Et dis de plus en assurance / Que je ne sais qu'un homme en France / Qui de la sorte osât rimer, / Et l'osant, osât se nommer.'" The "accident" which worried Charles was that he might have become impotent.

[32] See also 18.5.71; 12.7.71.

[33] Sévigné, II, 1503. Duchêne adds: "Bussy le 25 mars écrit à Mme de Montjeu sur sa grossesse: 'Je vous assure donc, Madame, que je suis fort aise de tous les petits maux que vous allez avoir le reste de l'année. Consolez-vous en; Madame la Dauphine voudrait bien en avoir autant que vous. Je pense qu'elle ne s'y épargne non plus que vous avez fait, mais je doute que Monsieur le Dauphin puisse bien imiter M. de Montjeu. Les plus grands princes ne sont pas toujours les plus puissants.'"

[34] Eva Avigdor, "La Vraie Préciosité d'une véritable précieuse," *Dix-Septième Siècle,* 108 (1975), 74. Emphasis is my own.

[35] Blaise Pascal, *Les Provinciales,* ed. Louis Cognet (Paris: Classiques Garnier, 1965), pp. 200-05.

[36] That Mme de Sévigné was sensitive to the change in tone inaugurated with the *Onzième Lettre* is apparent in the following quotation: "Quelquefois pour nous divertir, nous lisons les *Petites Lettres.* Bon Dieu, quel charme! et comme mon fils les lit! Je songe toujours à ma fille, et combien cet excès de justesse de raisonnement serait digne d'elle, mais votre frère dit que vous trouvez que c'est toujours la même chose. Ah! mon Dieu! tant mieux! Peut-on avoir un style plus parfait, *une raillerie plus fine,* plus naturelle, plus délicate, plus digne fille de ces dialogues de Platon qui sont si beaux? Mais après les dix premières lettres, quel sérieux, quelle solidité, quelle force, quelle éloquence, quel amour pour Dieu et pour la vérité! quelle manière de la soutenir et de la faire entendre ne trouve-t-on point dans les huit dernières lettres, qui sont sur un ton tout différent! Je suis assurée que vous ne les avez jamais lues qu'en courant, grappillant les endroits plaisants, mais ce n'est point cela quand on les lit à loisir" (21.12.89). And thirty-three years earlier she had written to Ménage: "J'ai lu avec beaucoup de plaisir la onzième lettre des jansénistes. Il me semble qu'elle est fort belle. Mandez-moi si ce n'est pas votre sentiment" (12.9.56). Emphasis is my own.

[37] Avigdor, p. 60. In this article Eva Avigdor details the differences between a true *précieuse* and those who would make claim to this title: "Lorsque la préciosité assume des formes exagérées, la distinction est vite faite–au moins en théorie–entre les vraies précieuses et les autres comme celles que Molière nomme *ridicules* ou *savantes.* Somaize distingue 'les véritables pretieuses' des 'pretieuses du second ordre.' Les premières sont 'celles qui ont de tout temps cultivé l'esprit que la nature leur a donné.' C'est dans cette

dernière catégorie que je mets Mme de Sévigné car elle a été toujours soucieuse d'apprendre et de savoir."

[38] Avigdor, p. 63.

[39] D. J. H. Van Elden, *Esprits fins et esprits géométriques dans les portraits de Saint-Simon* (The Hague: Nijhoff, 1975). The reader is directed to Chapter 2 for a complete discussion of this topic.

[40] Garaud, pp. 44-45.

[41] Williams, p. 48.

[42] Morel, p. 218.

[43] Garapon, p. 10.

[44] Sévigné, I, 1338. Duchêne explains in a footnote: " 'Espèce de potage ou de ragoût qui nous est venu d'Espagne, et dans lequel il entre plusieurs sortes d'herbes et de viandes' (Perrin, 1754). C'est la métaphore culinaire, ébauchée dans la lettre précédente; elle vient de ce que la comtesse est consumée (ou consommée) d'inquiétudes. L'opposition de *l'oille* et du *consommé* est l'opposition d'une inquiétude dont le sujet est unique et de celle qui a plusieurs causes (procureur du pays, hôtel de ville d'Aix, procès, bientôt siège d'Orange)."

[45] See also 11.10.73; 13.10.73.

[46] Garapon, p. 12.

[47] Garapon, pp. 12-13.

[48] See also 2.10.75; 3.5.80; 6.8.80; 14.9.89.

[49] Garapon, p. 10.

[50] Garapon, p. 9.

Chapter 4: Scene: *Imposteur* Technique

[1] Donneau de Visé, "Lettre sur la comédie de l'Imposteur," in Molière, *Œuvres*, ed. René Bray, II (Paris: Les Belles Lettres, 1954), 1249.

[2] Will G. Moore, "Molière's Theory of Comedy," *L'Esprit Créateur*, 6 (1966), 139.

[3] Donneau de Visé, p. 1253.

[4] Moore, *Criticism*, p. 71.

[5] Will G. Moore, "The French Notion of the Comic," *Yale French Studies,* 24 (Summer 1959), 48-49.

[6] René Bray, "World of Imagination," in *Molière: A Collection of Critical Essays,* ed. Jacques Guicharnaud (Englewood Cliffs, N.J.: Prentice-Hall, 1964), p. 58.

[7] This is an adaptation of a verse from Marot's *Epitre au roi pour avoir été dérobé:* "Ce Monsieur-là, Sire, c'était moi-même" (Duchêne, Sévigné, I, 1189).

[8] Duchêne explains the use of this word in a footnote (Sévigné, II, 1235): "Terme injurieux qu'on dit aux gens rustres, grossiers et incivils, qui ont des manières de paysans. Autrefois il se disait des soldats, qui étaient en effet des paysans qu'on levait pour mener à la guerre et qu'on appelait aussi *pitaux* (Furetière)."

[9] In Ariosto's *Orlando furioso,* X, 114-15, the handsome Rogero is represented at the moment when, having rescued Angélique, who was naked and had been on the point of being devoured by a sea monster, he hastened to lay aside his armor and reward himself for his valor. In his over-eagerness, he made more knots than he succeeded in untying.

[10] La Rochefoucauld, *Maximes,* ed. Jacques Truchet (Paris: Garnier Frères, 1967), pp. 33, 35.

[11] Quotation is from Molière's *Sganarelle,* Scene xv.

[12] Several notions treated in this section have been discussed by the following: Robert N. Nicolich, "Life as Theatre in the Letters of Madame de Sévigné," *Romance Notes,* 16 (1975), 376-82, and Jean-Jacques Demorest, "Une Notion théâtrale de l'existence," *L'Esprit Créateur,* 11 (1971), 77-91.

[13] Roger Duchêne, "Signification du romanesque: L'Exemple de Madame de Sévigné," *Revue d'Histoire Littéraire de la France,* 77 (1977), 592.

[14] Here, as Professor Duchêne explains in a footnote, Mme de Sévigné quotes approximatively from the prologue of Tasso's *Aminta.* "Dans des cœurs grossiers toutes les flammes et les fureurs de l'amour" (Sévigné, I, 1291).

[15] Mme Colbert had raised Mlle de Blois.

[16] Duchêne explains: "L'Espagne n'avait reconnu l'indépendance des Provinces-Unies qu'en 1648, à la paix de Munster, mais la révolte pour l'indépendance remontait à 1568, donc à plus de cent ans. Ceux qui entourent la Hollande sont, outre la France, les pays de la triple alliance" (Sévigné, I, 1307).

[17] Some interesting background information on the hero of this adventure is further provided by Roger Duchêne: "Henri de Béthune, comte de Selles, né en 1632, frère aîné de François-Gaston marquis de Béthune, était veuf de Marie-Anne Dauvet, fille du comte Desmarets. Selon une note d'un manuscrit de Tallemant de la collection Monmerqué, on le nommait 'Cassepot, à cause qu'avec feue sa femme, Mlle Desmarets, fille du grand fauconnier, qu'il épousa malgré ce père (en 1663), réduits à rien, ils se retirèrent à Fontainebleau. Ils allaient tous les jours se promener à cette roche appelée

Cassepot.' Mme de Sévigné rapproche cette résidence à Fontainebleau du *Berger extravagant*, roman de Charles Sorel paru en 1627 et repris par Thomas Corneille en 1653 sur le mode burlesque. Obligé de s'exiler, Béthune mourut peu après, en novembre 1690" (Sévigné, III, 1422).

[18] The word *stratagème* was used as a synonym for *fantôme*.

[19] From Molière's *L'Ecole des femmes* (V,v). Alain, valet of Arnolphe, thinks that he has killed Agnès's suitor, Horace. He finds the disappearance of the body miraculous and says to Arnolphe: "Je ne sais ce que c'est, Monsieur, mais il me semble / Qu'Agnès et le corps mort s'en sont allés ensemble."

[20] See also 28.3.89.

[21] Here, as Duchêne notes, she makes reference to a statement made by Bussy in his *Histoire amoureuse*: " 'Pour avoir de l'esprit et de la qualité, elle se laisse un peu trop éblouir aux grandeurs de la cour . . .' " (Sévigné, III, 1400).

[22] In this context it is interesting to note how often and with how many variations the word *voir* is used in the *Correspondance*.

[23] According to Duchêne: "Madame de Sévigné n'a aucune bienveillance pour les Fouesnel. . . . C'est à sa famille que la marquise fait allusion en opposant le naturel de la conversation de Pilois [a foreman who oversaw the embellishments made in the garden at Les Rochers] à celle de gens qui ont 'conservé le titre de chevalier,' c'est-à-dire le droit de s'affirmer nobles après vérification au parlement de Rennes" (Sévigné, I, 1112).

[24] "Mme de Choiseul appartenant à une bonne noblesse d'épée doit *passer* pour cette raison *devant* la veuve d'un président; d'où la plaisante altercation, la seconde rappelant à l'autre sa gueuserie," Duchêne clarifies (Sévigné, I, 1255).

[25] The events are recalled by Duchêne: "Le 26 août 1664, douze religieuses de Port-Royal, qui avaient refusé de signer le formulaire condamnant les erreurs de Jansénius, avaient été dispersées dans des couvents de religieuses non suspectes de sympathie janséniste. Deux sœurs d'Arnauld de Pomponne et leur tante, sœur d'Arnauld d'Andilly et d'Antoine Arnauld, la célèbre mère Agnès, avaient été placées à la Visitation du faubourg Saint-Jacques, où elles étaient privées des sacrements et tenues quasiment prisonnières. La mère Agnès a rapporté, dans une de ses lettres, les conditions de la signature mentionnée ici; on y constate son extrême douceur envers sa nièce signataire, Marie-Angélique de Sainte-Thérèse" (Sévigné, I, 891).

[26] "Une *contre-lettre* est un acte secret qui déroge aux stipulations d'un acte public" (Sévigné, I, 896).

[27] See 15.1.74 for a further description of "la" Marans in her role as a devotee.

[28] See especially 23.2.80.

[29] Williams, pp. 93-94.

Bibliography

Primary Sources

Molière. *Œuvres complètes.* Ed. Robert Jouanny. 2 vols. Paris: Garnier Frères, 1962.

Sévigné, Marie de Rabutin-Chantal, Marquise de. *Lettres.* Ed. M. Monmerqué. 14 vols. Collection des Grands Ecrivains de la France. Paris: Hachette, 1862-68.

———. *The Letters of Madame de Sévigné.* Ed. A. Edward Newton. Carnavalet Edition. 7 vols. Philadelphia: J. P. Horn & Company, 1927.

———. *Lettres.* Ed. E. Gérard-Gailly. 3 vols. Paris: Gallimard-Bibliothèque de la Pléiade, 1953-63.

———. *Correspondance.* Ed. Roger Duchêne. 3 vols. Vol. I, 1646-75. Vol. II, 1675-July 1680. Vol. III, Sept. 1680-Apr. 1696. Paris: Gallimard-Pléiade, 1972, 1973, 1978.

———. *Lettres.* Ed. Bernard Raffali. Paris: Garnier-Flammarion, 1976.

Secondary Sources

Madame de Sévigné

Allentuch, Harriet. *Mme de Sévigné: A Portrait in Letters.* Baltimore: Johns Hopkins, 1963.

———. "My Daughter—Myself: Emotional Roots of Madame de Sévigné's Art." *Modern Language Quarterly,* 43 (1982), 121-37.

Arsenault, Philip Elwyn. "The Literary Opinions of Madame de Sévigné." *DA,* 20 (1959-60), 4105-06 (Princeton).

Avigdor, Eva. *Madame de Sévigné: Un Portrait intellectuel et moral.* Paris: A. G. Nizet, 1974.

Avigdor, Eva. "La Vraie Préciosité d'une véritable précieuse." *Dix-Septième Siècle*, 108 (1975), 59-74.

Bachellier, Evelyne. "De la conversation à la conversion." *Communications*, 30 (1979), 31-56.

Beugnot, Bernard. "Débats autour du genre épistolaire." *Revue d'Histoire Littéraire de la France*, 74 (1974), 195-202.

————. "Madame de Sévigné telle qu'en elle-même enfin?" *French Forum*, 5 (1980), 207-17.

Blavier-Paquot, Simone. "Sur l'accueil que reçurent au XVIIe siècle les Fables de La Fontaine." *Dix-Septième Siècle*, 73 (1966), 49-58.

Boissier, Gaston. *Madame de Sévigné*. Paris: Hachette, 1896.

Bonvalet, Nicole. "Lorsque les femmes lisent Madame de Sévigné." *Œuvres et Critiques*, 5 (1980), 121-42.

Bray, Bernard. "Quelques aspects du système épistolaire de Mme de Sévigné." *Revue d'Histoire Littéraire de la France*, 69 (1969), 491-505.

————. "L'Epistolière au miroir." *Marseille: Actes du 3e Colloque*, 95 (1973), 23-29.

Buffet, Henri-François. "Par voies et par chemins avec Madame de Sévigné." *Annales de Bretagne*, 79 (1972), 551-87.

Busson, T. W. "Mme de Sévigné and La Fontaine." *Modern Language Notes*, 41 (1926), 239-42.

Bussy-Rabutin, Roger, comte de. *Histoire amoureuse des Gaules*. Ed. Antoine Adam. Paris: Garnier-Flammarion, 1967.

Capasso, Ruth Carver. "The Portrait in the *Lettres* of Madame de Sévigné." *DAI*, 44 (1983), 1808A (Harvard).

Champy, H. *Le Cœur et l'esprit: La Souriante Madame de Sévigné*. Paris: Gérard Verviers, 1967.

Choleau, Jean. *Le Grand Cœur de Mme de Sévigné*. Vitré: Unvaniez Arvor, 1959.

Cordelier, Jean. *Mme de Sévigné par elle-même*. Paris: Seuil, 1967.

Dubois, E. T. "Mme de Sévigné et l'Angleterre." *Dix-Septième Siècle*, 93 (1971), 75-97.

Duchêne, Roger. "Madame de Sévigné et la gestion de ses biens bourguignons." *Annales de Bourgogne*, 37 (1965), 113-32.

————. "Une Reconnaissance excessive? Madame de Sévigné et son *Bien Bon*." *Dix-Septième Siècle*, 74 (1967), 27-53.

Duchêne, Roger. *Mme de Sévigné*. Paris: Desclée de Brouwer, 1968.

———. "Partage des biens et partage des affections: Madame de Sévigné et ses enfants." *Annales de la Faculté des Lettres d'Aix*, 44 (1969), 103-82.

———. *Réalité vécue et art épistolaire: Mme de Sévigné et la lettre d'amour*. Paris: Bordas, 1970.

———. "Réalité vécue et réussite littéraire: Le Statut particulier de la lettre." *Revue d'Histoire Littéraire de la France*, 71 (1971), 177-94.

———. "Madame de Sévigné et le style négligé." *Œuvres et Critiques*, 1 (1976), 113-27.

———. "Du destinataire au public, ou les métamorphoses d'une correspondance." *Revue d'Histoire Littéraire de la France*, 76 (1976), 29-46.

———. "Signification du romanesque: L'Exemple de Madame de Sévigné." *Revue d'Histoire Littéraire de la France*, 77 (1977), 578-94.

———. *Madame de Sévigné ou la chance d'être femme*. Paris: Fayard, 1982.

Emont, Milton. "Des éclaircissements sur Corbinelli, d'après des documents inédits." *Revue des Sciences Humaines*, 137 (1970), 27-37.

———. "L'Identité de La Mousse, ami des Sévignés." *Dix-Septième Siècle*, 117 (1977), 53-55.

Gérard, Mireille. "Molière dans la correspondance de Madame de Sévigné." *Revue d'Histoire Littéraire de la France*, 73 (1973), 608-25.

———. "Les Médecins dans la correspondance de Madame de Sévigné: Document ou littérature?" *Marseille: Actes du 3ᵉ Colloque*, 95 (1973), 89-96.

———. "Après la découverte de dix autographes: Les Lettres de Mme de Sévigné au président de Moulceau." *Revue d'Histoire Littéraire de la France*, 74 (1974), 474-82.

Gérard-Gailly, Emile. "L'Enfance et la jeunesse heureuses de Madame de Sévigné et les Coulanges." *Minerve Français*, 6 (1920), 405-22, 538-51.

———. *Madame de Sévigné*. Paris: Hachette, 1971.

Goldsmith, Elizabeth Clark. "Bridging Distances: Writing as Displacement and Location in the Letters of Madame de Sévigné." *DAI*, 41 (1978), 273A (Cornell).

Gorman, Sister M. Adele, O.S.F. "Madame de Sévigné: Woman of Many Talents." *Cithara*, 4 (1965), 43-59.

Henry, Hélène. "Sur Madame de Sévigné et Pierre Corneille." *Europe*, 540-41 (1974), 97-109.

Herz, Micheline. "Madame de Sévigné telle qu'elle fut." *MLN*, 74 (1959), 621-28.

Horowitz, Louise. "Madame de Sévigné." In *Love and Language: A Study of the Classical French Moralist Writers.* Columbus: Ohio State University Press, 1977, 91-111.

———. "The Correspondence of Madame de Sévigné: Letters or *Belles-Lettres?*" *French Forum,* 6 (1981), 13-27.

Howard, Catherine. *Les Fortunes de Madame de Sévigné au XVIIème et au XVIIIème siècles.* Tübingen: Gunther Narr, 1982.

Jouhandeau, Marcel. "La Vraie Sévigné." *Ecrits de Paris,* September 1959, pp. 76-84.

La Cour, Paul. "Les Gaillardises de Mme de Sévigné." *La Nouvelle Revue,* 21 (May-June 1911), 219-33.

La Gorce, Agnès de. "Ascendance de Madame de Sévigné." *Revue de Paris,* 71 (1964), 90-102.

Lanson, Gustave. *Choix de lettres du XVIIe siècle.* 7th ed. Paris: Hachette, 1904.

Madame de Sévigné and Her Contemporaries. 2 vols. London: Henry Colburn, 1842.

Marcu, Eva. "Madame de Sévigné and Her Daughter." *Romanic Review,* 51 (1960), 182-91.

Martin, A. "Molière et Mme de Sévigné." *Revue d'Histoire Littéraire de la France,* 19 (1912), 30-39.

Mauriac, François. "La Dame au nez carré." *Figaro Littéraire,* 12 Jan. 1957, pp. 1-4.

Menscher, Gail B. "Problems of Time and Existence in the Letters of Madame de Sévigné." *DAI,* 38 (1978), 4200-01A (Iowa).

Mossiker, Frances. *Madame de Sévigné: A Life and Letters.* New York: Alfred A. Knoff, 1983.

Munk, Gerda. *Mme de Sévigné et Mme de Grignan dans la correspondance et dans la critique.* Utrecht: Schotanus en Jens, 1966.

Nicolich, Robert N. "Madame de Sévigné and the Problem of Reality and Appearances." *DA,* 26 (1966), 4668-69 (Michigan State).

———. "Life as Theatre in the Letters of Madame de Sévigné." *Romance Notes,* 16 (1975), 376-82.

Noyes, Alfred. "The Enigma of Madame de Sévigné." *Contemporary Review,* No. 1083 (1956), pp. 149-53.

Pirat, Yvonne. *Madame de Sévigné.* Paris: Apostolat de la Presse, 1959.

Sainte-Beuve, C. A. "Mémoires touchant la vie et les écrits de Mme de Sévigné, par M. le baron Walckenaer." In *Causeries du Lundi.* I. Paris: Garnier Frères, s.d., 49-62.

Sainte-Beuve, C. A. *Portraits de femmes*. Paris: Garnier Frères, 1869, pp. 3-21.

Sienkewic7 Anne Waterman. "Two Women of Letters: Mme de Sévigné and Mme du Deffand." *DAI*, 39 (1978) 913A (Johns Hopkins).

Summer, Dora H. "The Literary Criticism of Madame de Sévigné." M.A. Thesis, Ohio State University 1955.

Tilley, Arthur. *Madame de Sévigné: Some Aspects of Her Life and Character*. Cambridge: The University Press, 1936.

Vigouroux, Monique. *Le Thème de la retraite et de la solitude chez quelques épistoliers du XVIIe siècle*. Paris: Nizet, 1972.

Walckenaer, Charles Athanase, Baron. *Mémoires touchant la vie et les écrits de Marie de Rabutin-Chantal Dame de Bourbilly Marquise de Sévigné*. Vol. VI. Paris: Firmin Didot Frères, 1865.

Williams, Charles G. S. *Madame de Sévigné*. Boston: G. K. Hall, 1981.

Woolf, Virginia. "Madame de Sévigné." In *The Death of the Moth*. New York: Harcourt-Brace, 1942, pp. 51-57.

Theory of Comedy, Humor, Wit; Historical Background

Aragonnès, Claude. "Chez Madame Cornuel: Un Salon bourgeois au XVIIe siècle." *La Revue de Paris*, 38 (1931), 578-97.

Aubouin, Elie. *Les Genres du risible: Ridicule, comique, esprit, humour*. Marseilles: O.F.E.P., 1948.

Badinter, Elisabeth. *L'Amour en plus*. Paris: Flammarion, 1980.

Baker, Susan Read. "La Rochefoucauld and the Art of the Self-Portrait." *Romanic Review*, 65 (1974), 13-30.

Barchilon, Jacques. "Wit and Humor in La Fontaine's Psyché." *French Review*, 36 (1962-63), 23-31.

———. "L'Humour dans la littérature au dix-septième siècle." *Papers on French Seventeenth Century Literature*, 13, No. 2 (1980), 195-98.

Barthélemy, comte Edouard de. *La Galerie des portraits de Mademoiselle de Montpensier*. Paris: Didier, 1860.

Bayley, Peter. *French Pulpit Oratory 1598-1650*. Cambridge: Cambridge University Press, 1980.

Beckson, Karl, and Arthur Ganz. *Literary Terms: A Dictionary*. New York: Farrar, Straus and Giroux, 1975.

Benveniste, Emile. *Problèmes de linguistique générale*. Vol. I. Paris: Gallimard, 1966.

Bergson, Henri. *Le Rire: Essai sur la signification du comique*. Paris: Presses Universitaires de France, 1969.

Boileau, Nicolas. *Œuvres complètes*. Ed. Antoine Adam. Paris: Gallimard, 1966.

Booth, Wayne C. *A Rhetoric of Irony*. Chicago: University of Chicago Press, 1975.

Bowen, Barbara. "Some Elements of French Farce in Molière." *L'Esprit Créateur*, 6 (1966), 167-75.

Bray, René. *Molière: Homme de théâtre*. Paris: Mercure de France, 1954.

Burns, Elizabeth. *Theatricality: A Study of Convention in the Theatre and in Social Life*. New York: Harper & Row, 1972.

Bussy-Rabutin, Roger, comte de. *Mémoires*. Ed. Ludovic Lalanne. 2 vols. Paris: C. Marjon et E. Flammarion, 1882.

Chevalley, Sylvie. *Molière en son temps*. Genève: Minkoff, 1973.

Cook, Albert S. *The Dark Voyage and the Golden Mean: A Philosophy of Comedy*. Cambridge: Harvard University Press, 1949.

Cooper, Lane. *An Aristotelian Theory of Comedy*. New York: Harcourt Brace, 1922.

Corrigan, Robert W. *Comedy, Meaning and Form*. Ed. and introd. Robert W. Corrigan. San Francisco: Chandler, 1965.

Coulanges, Emmanuel de. *Mémoires*. Ed. Monmerqué. Paris: J. J. Blaise, 1820.

Crocker, Lester G. "Order and Disorder in Rousseau's Social Thought." *PMLA*, 94 (1979), 247-60.

Culler, Jonathan. *Structuralist Poetics*. Ithaca, N.Y.: Cornell University Press, 1975.

Danner, G. Richard. "La Fontaine's Ironic Vision in the Fables." *French Review*, 50 (1977), 562-71.

———. "La Fontaine's 'Compagnons d'Ulysse': The Merits of Metamorphosis." *French Review*, 54 (1980), 239-47.

Defaux, Gérard. *Molière ou les métamorphoses du comique: De la comédie morale au triomphe de la folie*. Lexington: French Forum, 1983.

De Man, Paul. "Semiology and Rhetoric." *Diacritics*, 3 No. 3 (Fall 1973), 27-33.

Bibliography 123

De Man, Paul. "The Epistemology of Metaphor." *Critical Inquiry,* 5 (1978), 13-30.

Demorest, Jean-Jacques. "Une Notion théâtrale de l'existence." *L'Esprit Créateur,* 11 (1971), 77-91.

De Mourgues, Odette. *La Fontaine: Fables.* London: Edward Arnold, 1960.

Donneau de Visé. "Lettre sur la comédie de l'Imposteur." In Molière. *Œuvres.* Ed..René Bray. Vol. II. Paris: Les Belles Lettres, 1954.

Dubois, Jean, René Lagane, and Alain Lerond. *Dictionnaire du français classique.* Paris: Larousse, 1971.

Escarpit, Robert. "L'Humour français au XVIIe siècle." *Papers on French Seventeenth Century Literature,* 13, No. 2 (1980), 199-219.

Eustis, Alvin. *Molière as Ironic Contemplator.* Paris: Mouton, 1973.

———. "The Nature of Molière's Satire." *Romance Notes,* 15 (1973), 5-14.

———. "L'Humour et ses congénères chez Molière." *Papers on French Seventeenth Century Literature,* 13, No. 2 (1980), 309-15.

France, Peter. *Rhetoric and Truth in France: Descartes to Diderot.* Oxford: Clarendon Press, 1972.

Freud, Sigmund. *Jokes and Their Relation to the Unconscious.* New York: W. W. Norton, 1960.

Fry, Christopher. "Comedy." *Tulane Drama Review,* 4 (1960), 70-79.

Frye, Northrop. "Comic Fictional Modes." In *Anatomy of Criticism.* Princeton: Princeton University Press, 1957.

Gaines, James. *Social Structures in Molière's Theater.* Columbus: Ohio State University Press, 1984.

Garapon, Robert. *La Fantaisie verbale et le comique dans le théâtre du moyen âge à la fin du XVIIe siècle.* Paris: Colin, 1957.

Garaud, Christian. "Qu'est-ce que le Rabutinage?" *Dix-Septième Siècle,* 93 (1971), 27-53.

Goffman, Erving. *The Presentation of Self in Everyday Life.* New York: Doubleday, 1959.

Golopentia-Eretescu, Sanda. "Grammaire de la parodie." *Cahiers de Linguistique Théorique et Appliquée,* 6 (1969), 167-81.

Gossman, Lionel. *Men and Masks: A Study of Molière.* Baltimore: Johns Hopkins Press, 1963.

Grice, H. Paul. "La Logique de la conversation." *Communications,* 30 (1979), 57-72.

Grossvogel, David. "The Depths of Laughter: The Subsoil of a Culture." *Yale French Studies,* 23 (1959), 63-70.

Guicharnaud, Jacques. *Molière: Une Aventure théâtrale.* Paris: Gallimard, 1963.

———, ed. *Molière: A Collection of Critical Essays.* Englewood Cliffs, N.J.: Prentice-Hall, 1964.

Gutwirth, Marcel. "Réflexions sur le comique." *Revue d'Esthétique,* 17 (1964), 7-39.

———. *Molière ou l'invention comique: La Métamorphose des thèmes et la création des types.* Paris: Minard, 1966.

Henein, Eglal. "Sans blague: L'Impossible Humour." *Papers on French Seventeenth Century Literature,* 13, No. 2 (1980), 221-33.

Highet, Gilbert. *The Anatomy of Satire.* Princeton: Princeton University Press, 1962.

Hodgart, Matthew. *Satire.* New York: McGraw-Hill, 1969.

Houston, John Porter. *The Traditions of French Prose Style: A Rhetorical Study.* Baton Rouge: Louisiana State University Press, 1981.

Howarth, W. D. *The Seventeenth Century: Life and Letters in France, I.* New York: Charles Scribner's Sons, 1965.

———. "La Notion de la catharsis dans la comédie française classique." *Revue des Sciences Humaines,* 152 (1973), 521-39.

———, and Merlin Thomas, eds. *Molière: Stage and Study. Essays in Honor of W. G. Moore.* London: Oxford, 1973.

Hubert, Judd D. *Molière and the Comedy of Intellect.* Berkeley: University of California Press, 1962.

Hutcheon, Linda. "Ironie, satire, parodie." *Poétique,* 46 (Apr. 1981), 140-55.

Jankélévitch, Vlademir. *L'Ironie.* Paris: Flammarion, 1964.

Jasinski, René. *Molière.* Paris: Hatier, 1969.

Jaymes, David. "La Méthode d'ironie dans les Provinciales." In *Méthodes chez Pascal.* Actes du colloque tenu à Clermont-Ferrand 10-13 juin, 1976. Paris: P.U.F., 1979.

Jeanson, Francis. "Le Moraliste Grandeur Nature." In *Lignes de départ.* Paris: Seuil, 1963, pp. 71-107.

Jones, Henri. "Du portrait dans l'art et la littérature classique." *Revue des Sciences Humaines,* 34 (Apr.-June 1969), 197-211.

Kerbrat-Orecchioni, Catherine. "L'Ironie comme trope." *Poétique*, 41 (1980), 108-27.

Kernan, Alvin. *The Plot of Satire*. New Haven: Yale University Press, 1965.

Kierkegaard, Soren. *The Concept of Irony*. Trans. Lee M. Capel. New York: Harper & Row, 1965.

Kiremidjian, G. D. "The Aesthetics of Parody." *Journal of Aesthetics and Art Criticism*, 28 (1969), 231-42.

La Bruyère, Jean de. *Les Caractères*. Ed. Robert Garapon. Paris: Garnier Frères, 1962.

Lafond, J. D. "Les Techniques du portrait dans le 'Recueil des portraits et éloges' de 1659." *Cahiers de l'Association Internationale des Etudes Françaises*, 18 (1966), 139-48.

La Fontaine, Jean de. *Fables choisies*. Ed. Claude Dreyfus. 2 vols. Paris: Larousse, 1965.

La Grange, Charles Varlet de. *Registre de La Grange*. Facs. reproduction with "notice sur La Grange et son Registre" by Sylvie Chevalley. Genève: Minkoff, 1973.

La Rochefoucauld. *Maximes*. Ed. Jacques Truchet. Paris: Garnier Frères, 1967.

Lauter, Paul, ed. *Theories of Comedy*. New York: Doubleday, 1964.

Lawrence, Francis L. *Molière: The Comedy of Unreason*. Studies in Romance Languages and Literature, No. 2. New Orleans: Tulane University Press, 1968.

Lesser, S. "Tragedy, Comedy, and the Esthetic Experience." *Literature and Psychology*, 6 (1956), 131-39.

Lewis, Philip E. *La Rochefoucauld: The Art of Abstraction*. Ithaca, N.Y.: Cornell University Press, 1977.

Ligot, Marie-Thérèse. "Ellipse et présupposition." *Poétique*, 44 (Nov. 1980), 422-36.

Livet, Ch.-L. *Précieux et Précieuses*. Paris: Didier, 1859.

Lough, John. *Paris Theatre Audiences in the Seventeenth and Eighteenth Centuries*. London: Oxford University Press, 1957.

Markiewicz, Henryk. "On the Definitions of Literary Parody." In *To Honor Roman Jakobson: Essays on the Occasion of His Seventieth Birthday, 11 October 1966*. The Hague: Mouton, 1967, 1264-72.

Mauron, Charles. *Psychocritique du genre comique*. Paris: Corti, 1970.

Meredith, George. "An Essay of Comedy." In *Comedy*. Ed. Wylie Sypher. New York: Doubleday, 1956.

Mikhail, E. N. *Comedy and Tragedy: A Bibliography of Critical Studies*. New York: Whitson, 1972.

Moore, Will G. "The French Notion of the Comic." *Yale French Studies,* 24 (Summer 1959), 47-53.

――――. "Molière's Theory of Comedy." *L'Esprit Créateur,* 6 (1966), 137-44.

――――. *Molière: A New Criticism.* 1949; rpt. Oxford: Clarendon Press, 1968.

――――. *The Classical Drama of France.* London: Oxford University Press, 1971.

Morel, Jacques. "Pascal et la doctrine du rire grave." In *Méthodes chez Pascal: Actes du colloque tenu à Clermont-Ferrand 10-13 juin, 1976.* Paris: P.U.F., 1979.

Morier, Henri. *Dictionnaire de poétique et de rhétorique.* Paris: P.U.F., 1961.

Morris, Corbyn. "An Essay towards Fixing the True Standards of Wit, Humour, Raillery, Satire, and Ridicule." (1744). *The Augustan Reprint Society,* Series 1, No. 4 (Nov. 1947).

Muecke, D. C. *Irony.* London: Methuen, 1970.

Nurse, Peter H. "Le Rire et la morale dans l'œuvre de Molière." *Dix-Septième Siècle,* 52 (1961), 20-35.

――――. "Essai de définition du comique moliéresque." *Revue des Sciences Humaines,* 113 (1965), 9-24.

――――. "Molière and Satire." *University of Toronto Quarterly,* 36 (1968), 113-28.

Paolucci, Anne. "Hegel's Theory of Comedy." *New York Literary Forum,* 1 (1978), 80-108.

Pascal, Blaise. *Les Provinciales.* Ed. Louis Cognet. Paris: Classiques Garnier, 1965.

Picard, Roger. *Les Salons littéraires et la société française 1610-1789.* New York: Bretano's, 1943.

Poirier, Richard. *The Performing Self.* New York: Oxford University Press, 1971.

Preminger, Alex, ed. *Princeton Encyclopedia of Poetry and Poetics.* Princeton: Princeton University Press, 1965.

Prévot, Jacques. "L'Art du portrait chez Bussy-Rabutin." *Revue d'Histoire Littéraire de la France,* 69 (1969), 1-12.

Riffaterre, Michael. *Essais de stylistique structurale.* Paris: Flammarion, 1971.

――――. "The Poetic Functions of Intertextual Humor." *Romanic Review,* 4 (1974), 278-93.

Romano, Danilo. *Essai sur le comique de Molière.* Berne: A. Francke, 1950.

Rouben, César. "Un Jeu de société au grand siècle: Les 'Questions' et les 'Maximes' d'Amour. Inventaire chronologique." *Dix-Septième Siècle,* 97 (1972), 85-104.

———. *Bussy-Rabutin épistolier.* Paris: Nizet, 1974.

Russell, Olga Wester. *Humor in Pascal.* North Quincy, Mass.: Christopher, 1977.

Saisselin, Rémy G. *Style, Truth and the Portrait.* Cleveland: Cleveland Museum of Art, 1963.

Samaras, Zoë. *The Comic Element of Montaigne's Style.* Paris: Nizet, 1970.

Santayana, George. "The Comic Mask." *Soliloquies in England.* London: Constable, 1922.

Scherer, Jacques. *La Dramaturgie classique en France.* Paris: A. G. Nizet, s.d.

Shlonsky, Tuvia. "Literary Parody: Remarks on Its Methods and Functions." *Proceedings of the Fourth Congress of the International Comparative Literature Association.* Ed. Francis Jost. The Hague: Mouton, 1966, II, 797-801.

Simon, Alfred. "Les Rites élémentaires de la comédie moliéresque." *Cahiers de la Compagnie Madeleine Renaud–Jean-Louis Barrault,* 15 (1956), 14-28.

———. *Molière par lui-même.* Paris: Seuil, 1957.

Starobinski, Jean. *Jean-Jacques Rousseau: La Transparence et l'obstacle.* Paris: Gallimard, 1971.

States, Bert O. *Irony and Drama: A Poetics.* Ithaca, N.Y.: Cornell University Press, 1971.

Suleiman, Susan, and Inge Crosman, eds. *The Reader in the Text.* Princeton: Princeton University Press, 1980.

Sypher, Wylie. "The Meaning of Comedy." In *Comedy.* Introd. and Appendix by Wylie Sypher. Garden City, N.J.: Anchor Books, 1956.

Tiefenbrun, Susan W. "Wit, Beyond Freud, and the Maxims of La Rochefoucauld." *Papers on French Seventeenth Century Literature,* 13, No. 2 (1980), 239-83.

Tobin, Ronald W., and John D. Erickson, eds. *Paths to Freedom: Studies in French Classicism in Honor of E. B. O. Borgerhoff. L'Esprit Créateur,* 11 (1971).

Topliss, Patricia. *The Rhetoric of Pascal.* Amsterdam: Leicester University Press, 1966.

Van der Cruysse, Dirk. *Le Portrait dans les "Mémoires" du duc de Saint-Simon.* Paris: A. G. Nizet, 1971.

Vos, Nelvin. *The Drama of Comedy: Victim and Victor.* Richmond, Va.: John Knox Press, 1966.

Wadsworth, Philip A. "Smiling with La Fontaine." *Papers on French Seventeenth Century Literature,* 13, No. 2 (1980), 291-306.

Zdanaivicz, Casimir D. "Molière and Bergson's Theory of Laughter." *Wisconsin University Studies in Language and Literature,* 20 (1924), 99-125.

In the PURDUE UNIVERSITY MONOGRAPHS IN ROMANCE LANGUAGES series the following monographs have been published thus far:

1. John R. Beverley: *Aspects of Góngora's "Soledades".*
   Amsterdam, 1980. xiv, 139 pp. Bound.

2. Robert Francis Cook: *"Chanson d'Antioche," chanson de geste: Le Cycle de la Croisade est-il épique?*
   Amsterdam, 1980. viii, 107 pp. Bound.

3. Sandy Petrey: *History in the Text: "Quatrevingt-Treize" and the French Revolution.*
   Amsterdam, 1980. viii, 129 pp. Bound.

4. Walter Kasell: *Marcel Proust and the Strategy of Reading.*
   Amsterdam, 1980. x, 125 pp. Bound.

5. Inés Azar: *Discurso retórico y mundo pastoral en la "Egloga segunda" de Garcilaso.*
   Amsterdam, 1981. x, 171 pp. Bound.

6. Roy Armes: *The Films of Alain Robbe-Grillet.*
   Amsterdam, 1981. x, 216 pp. Bound.

7. *Le "Galien" de Cheltenham,* edited by David M. Dougherty and & Eugene B. Barnes.
   Amsterdam, 1981. xxxvi, 203 pp. Bound.

8. Ana Hernández de Castillo: *Keats, Poe, and the Shaping of Cortázar's Mythopoesis.*
   Amsterdam, 1981. xii, 135 pp. Bound.

9. Carlos Albarracín-Sarmiento: *Estructura del "Martín Fierro".*
   Amsterdam, 1981. xx, 336 pp. Bound.

10. C. George Peale et al. (eds.): *Antigüedad y actualidad de Luis Vélez de Guevara: Estudios críticos.*
    Amsterdam, 1983. xii, 298 pp. Bound.

11. David Jonathan Hildner: *Reason and the Passions in the "Comedias" of Calderón.*
    Amsterdam, 1982. xii, 119 pp. Bound.

12. Floyd Merrell: *Pararealities: The Nature of Our Fictions and How We Know Them.*
    Amsterdam, 1983. xii, 170 pp. Bound.

13. Richard E. Goodkin: *The Symbolist Home and the Tragic Home: Mallarmé and Oedipus.*
    Amsterdam, 1984. xvi, 203 pp. Paperbound.

14. Philip Walker: *"Germinal" and Zola's Philosophical and Religious Thought.*
    Amsterdam, 1984. xii, 157 pp. Paperbound.

15. Claire-Lise Tondeur: *Gustave Flaubert, critique: Thèmes et structures.*
    Amsterdam, 1984. xiv, 119 pp. Paperbound.

16. Carlos Feal: *En nombre de don Juan (Estructura de un mito literario).*
    Amsterdam, 1984. x, 175 pp. Paperbound.

17. Robert Archer: *The Pervasive Image. The Role of Analogy in the Poetry of Ausiàs March*.
Amsterdam, 1985. xi, 220 pp. Paperbound.

18. Diana Sorensen Goodrich: *The Reader and the Text: Interpretative Strategies for Latin American Literatures*. Amsterdam, 1986. xi, 150 pp. Paperbound.

19. Lida Aronne-Amestoy: *Utopía, Paraíso e Historia: Inscripciones del mito en García Márquez, Rulfo y Cortázar*. Amsterdam, 1986. xi, 167 pp. Paperbound.

20. Louise Mirrer-Singer: *The Language of Evaluation: A Sociolinguistic Approach to the Story of Pedro el Cruel in Ballad and Chronicle*.
Amsterdam, 1986. xi, 130 pp. Paperbound.

21. Jo Ann Marie Recker: *"Appelle-moi 'Pierrot'": Wit and Irony in the "Lettres" of Madame de Sévigné*.
Amsterdam, 1986. ix, 128 pp. Paperbound.

22. J.H. Matthews: *André Breton: Sketch for an Early Portrait*.
Amsterdam, 1986. xii, 176 pp. Paperbound.